STORY WRITING SENSE 01

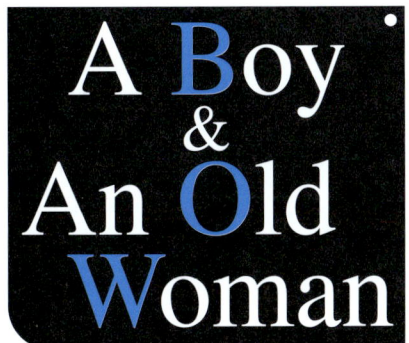

• 한일
Wisconsin 주립대학 TESOL(B.A)
Columbia University TESOL(M.A)
Dens Elementary School 교사
Watered Garden in L.A 영어 교사
Writing Certification Program 운영
ETB(Ears to Brain) Grammar Lecture 개발
Story Writing & Academic Writing Program 개발
KCU with 연세대학교 겸임 교수
파고다외국어학원 언어교육연구소 연구원 역임

STORY WRITING SENSE_01
A Boy & An Old Woman

© 2011 **I am Books**

지은이	한일
펴낸이	신성현, 오상욱
펴낸곳	도서출판 아이엠북스
	153-802 서울시 금천구 가산동 327-32 대륭테크노타운 12차 1116호
	Tel. (02)6343-0999 Fax. (02)6343-0995

출판등록 2006년 6월 7일 제 313-2006-000122호
ISBN 89-92334-00-1 14740

저자와의 협의에 따라 인지는 붙이지 않습니다.
잘못된 책은 구입하신 곳에서 교환해 드립니다.
이 책에 게재된 내용의 일부 또는 전체를 무단으로 복제 및 발췌하는 것을 금합니다.

www.iambooks.co.kr

STORY WRITING SENSE 01

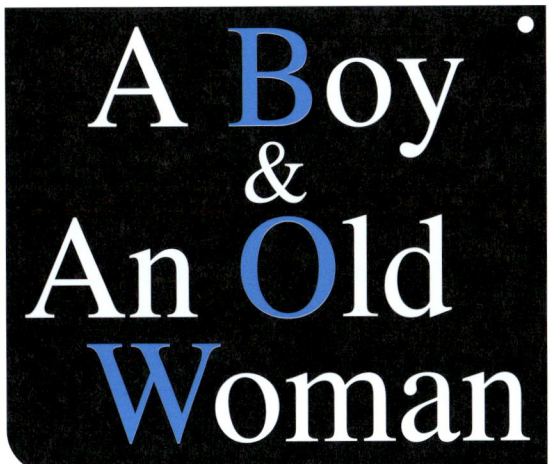

A Boy & An Old Woman

한일 지음

Contents

What is the Story Writing? ⋯⋯⋯⋯⋯⋯⋯⋯⋯⋯⋯⋯ 6

Construction & Character ⋯⋯⋯⋯⋯⋯⋯⋯⋯⋯⋯⋯ 8

Story One

영어의 단순한 2가지 구조 **Essential Part vs. Additional Part** ⋯⋯ 12
Preview the Story Sentence ⋯⋯⋯⋯⋯⋯⋯⋯⋯⋯⋯⋯ 14
Story Writing 주어 + 동사 (+ 목적어) ⋯⋯⋯⋯⋯⋯⋯⋯⋯ 16
Review Sentence Writing ⋯⋯⋯⋯⋯⋯⋯⋯⋯⋯⋯⋯ 20

Story Two

Writing에 있어서 생명과도 같은 존재 **전치사** ⋯⋯⋯⋯⋯⋯⋯ 24
Preview the Story Sentence ⋯⋯⋯⋯⋯⋯⋯⋯⋯⋯⋯⋯ 28
Story Writing 주어 + 동사 (+ 목적어) + 전치사 ⋯⋯⋯⋯⋯⋯ 30
Review Sentence Writing ⋯⋯⋯⋯⋯⋯⋯⋯⋯⋯⋯⋯ 34

Story Three

동사에 더하고, 보태는 역할 **부사** ⋯⋯⋯⋯⋯⋯⋯⋯⋯⋯⋯ 38
Preview the Story Sentence ⋯⋯⋯⋯⋯⋯⋯⋯⋯⋯⋯⋯ 40
Story Writing 주어 + 동사 (+ 목적어) + 전치사 + 부사 ⋯⋯⋯⋯ 42
Review Sentence Writing ⋯⋯⋯⋯⋯⋯⋯⋯⋯⋯⋯⋯ 46

Story Four

동사의 명사화 **To부정사 & 동명사** ·· 50
Preview the Story Sentence ································· 54
Story Writing 주어 + 동사 (+ 목적어) + 전치사 + 부사 + to부정사/in order to, 동명사 ············ 56
Review Sentence Writing ································· 64

Story Five

To부정사와 동명사의 단점을 보완 **가주어 'It'** ·································· 68
Preview the Story Sentence ································· 70
Story Writing 주어 + 동사 (+ 목적어) + 전치사 + 부사 + to부정사/in order to, 동명사 + 가주어 It ········· 72
Review Sentence Writing ································· 80

Story Six

동사를 도와주는 동사 **조동사** ·· 84
Preview the Story Sentence ································· 86
Story Writing 주어 + 동사 (+ 목적어) + 전치사 + 부사 + to부정사/in order to, 동명사 + 가주어 It + 조동사 ······ 88
Review Sentence Writing ································· 96

Story Seven

동사의 형용사화 **과거분사 & 현재분사** ·· 100
Preview the Story Sentence ································· 102
Story Writing 주어 + 동사 (+ 목적어) + 전치사 + 부사 + to부정사/in order to, 동명사 + 가주어 It + 조동사 + 분사 ··· 104
Review Sentence Writing ································· 112

Story Word List ································· 115

Writing Guideline ································· 119

What is the Story Writing?

하나의 문장이 만들어지기 위해서는 반드시 그 시작점이 있습니다. 영어도 마찬가지입니다. 영어는 두 개의 단어로 문장을 시작합니다.

I   like.
주어 동사

He   cleaned.
주어   동사

Plants   grow.
주어   동사

They   operated.
주어   동사

Story Writing은 문장이 만들어지는 가장 기본적인 시작점, 즉 두 개의 단어를 시작점으로 출발하여 한편의 Story를 만들어갑니다.

하나의 문장이 두 개의 단어로 출발하여 어떠한 문법적인 경로를 통해서 길어지는지, 또 각각의 문법들은 서로 어떠한 경로를 통해서 구조적으로 긴밀하게 연결되는지, 그렇게 상호 긴밀히 연결된 문법들이 글의 내용과 수준에 어떠한 영향을 미치는지 한편의 Story를 완성시켜 가면서 살펴보게 됩니다.

처음에는 두 개의 단어로 구성된 20~30분 분량의 짧은 Story를 만나게 됩니다. 이후 이 짧은 Story가 길어지기 위해서 필요한 문법들을 만나고, Story의 구조도 더욱 정교해지며, 전달하고자하는 내용도 자세해지는 과정을 겪게 됩니다.

Story Writing은 Story One이 Story Two를 쓸 수 있는 바탕을 마련해줍니다. 또한 Story One과 Story Two는 Story Three를 쓸 수 있는 바탕을 마련해 줍니다.

각각의 Story가 더해갈수록 글의 길이는 길어지고, 요구되는 문법도 복잡해집니다. 단계별로 문법적 요소를 첨가해가면, 구조적으로 풍부한 한편의 Story를 완성하게 되고, 2시간 분량의 Story를 쓸 수 있는 능력을 키우도록 도와줍니다.

Story Writing에서 문법을 요구하는 이유는 Writing과 문법과의 긴밀한 연결 관계를 느끼게 하기 위해서입니다. 각각의 Story가 더해가면서 요구되는 문법을 차례대로 공부하다보면 문법에도 어떠한 문법이 먼저이고, 어떠한 문법이 나중인지, 문법에도 순서가 있음을 느끼게 될 것입니다.

각각의 Story를 쓰기 위해서 실생활에서 사용 비중이 높은 문법들이 소개되어 있습니다.

여러분은 Story Writing에서 단지 Writing에만 집중할 것이 아니라, 각각의 Story마다 제시된 문법과도 친숙해 지기를 바랍니다.

Story Writing의 가장 큰 장점은 영어문장을 체계적으로 바라볼 수 있는 시야를 지닌다는 것입니다. 영어문장을 체계적으로 관리할 수 있는 능력은 바로 Writing과 Reading에 직접적인 영향을 끼칩니다.

Story Writing을 통해 여러분은 결국 2시간 이상의 Writing을 할 수 있는 능력을 가지게 될 것입니다. 또한 Story가 어떠한 문법적인 경로를 통해 길어졌는지를 알 수 있다면, 여러분은 틀림없이 어떠한 Writing이라도 할 수 있다는 자신감을 가지게 될 것입니다.

Composition & Character

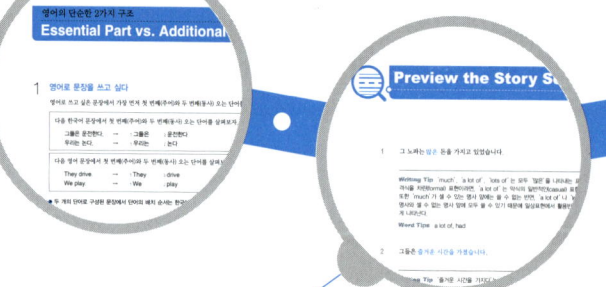

Grammar
Story writing에 필요한 문법을 소개했습니다.

Story Writing
필요한 문법 내용이 적용된 한글 문장을 보고
영어 문장을 써보도록 구성했습니다.

Preview the Story Sentence
정확한 내용 전달을 위하여 적절한 어휘의 선택과 표현 방법 등의
설명이 필요한 문장을 Story에서 선별하여 소개했습니다.

Review Sentence Writing
학습한 문법을 활용하여 다양한 문장을 써보도록 구성했습니다.

Guideline
여러분이 완성한 문장과 비교할 수 있도록
빈칸이 채워진 문장을 제시했습니다.

Word List
Story의 내용을 다시 한 번 상기할 수 있도록, 각 Story의 전개 순서에
맞추어 어휘 및 어구를 제시했습니다.

Story One

영어의 단순한 2가지 구조

Essential Part vs. Additional Part

영어의 단순한 2가지 구조
Essential Part vs. Additional Part

1 영어로 문장을 쓰고 싶다

영어로 쓰고 싶은 문장에서 가장 먼저 첫 번째(주어)와 두 번째(동사) 오는 단어를 찾아야 한다.

> 다음 한국어 문장에서 첫 번째(주어)와 두 번째(동사) 오는 단어를 살펴보자.
>
> 그들은 운전한다.　→　₁그들은　　₂운전한다
> 우리는 논다.　　　→　₁우리는　　₂논다

> 다음 영어 문장에서 첫 번째(주어)와 두 번째(동사) 오는 단어를 살펴보자.
>
> They drive.　→　₁They　　₂drive
> We play.　　→　₁We　　　₂play

▶ 두 개의 단어로 구성된 문장에서 단어의 배치 순서는 한국어와 영어가 똑같다.

2 Essential Part vs. Additional Part

(1) Essential Part: 문장에서 첫 번째(주어)와 두 번째(동사) 오는 단어로 이루어진 부분으로 단어의 배치 순서는 한국어와 동일하며, 두 개의 단어 중 하나의 단어라도 빠지면 문법적으로 틀린 문장이 된다.

₁My friend　₂sent. (O)　→　My friend sent. (×)
　　　　　　　　　　　　→　My friend sent. (×)

₁I　　　　　₂guessed. (O)　→　I guessed. (×)
　　　　　　　　　　　　→　I guessed. (×)

₁Tom　　　₂knew. (O)　→　Tom knew. (×)
　　　　　　　　　　　　→　Tom knew. (×)

> 다음 한국어 문장에서 첫 번째(주어)와 두 번째(동사), 세 번째 오는 단어를 살펴보자.
>
> 그들은 자동차를 운전한다.　→　₁그들은　　₃자동차를　　₂운전한다
> 나는 영어를 공부한다.　　　→　₁나는　　　₃영어를　　　₂공부한다

다음 영어 문장에서 첫 번째(주어)와 두 번째(동사), 세 번째 오는 단어를 살펴보자.

| They drive a car. | → | ₁They | ₂drive | ₃a car |
| I study English. | → | ₁I | ₂study | ₃English |

▶ 영어는 순서를 중요하게 여기기 때문에 첫 번째(주어)와 두 번째(동사) 오는 단어의 위치가 정해지면 세 번째 단어는 세 번째 자리에 와야 한다.

₁My friend	₂sent	₃a postcard.
₁I	₂guessed	₃the answer.
₁Tom	₂knew	₃the fact.

(2) **Additional Part:** 문장에서 첫 번째(주어)와 두 번째(동사), 세 번째(목적어) 오는 단어 이후의 부분으로 단어가 빠지더라도 문법적으로 전혀 영향을 받지 않으며, 반드시 전치사로 시작한다.

3 영어 문장을 길게 쓰고 싶다

(1) 전치사를 사용해서 영어 문장을 얼마든지 더 길게 쓸 수 있다.

₁My friend ₂sent ₃a postcard to me from Japan with the package on Monday.

(2) 영어 문장을 길게 쓰기위한 전치사는 Additional Part로 생략해도 문법적으로 전혀 영향을 받지 않는 부분이다.

My friend sent a postcard ~~to me~~ from Japan with the package on Monday. (O)
My friend sent a postcard to me ~~from Japan~~ with the package on Monday. (O)
My friend sent a postcard to me from Japan ~~with the package~~ on Monday. (O)
My friend sent a postcard to me from Japan with the package ~~on Monday~~. (O)

Preview the Story Sentence

1   그 노파는 **많은** 돈을 가지고 있었습니다.

Writing Tip 'much', 'a lot of', 'lots of'는 모두 '많은'을 나타내는 표현이다. 'much'가 격식을 차린(formal) 표현이라면, 'a lot of'는 약식의 일반적인(casual) 표현이라고 할 수 있다. 또한 'much'가 셀 수 있는 명사 앞에는 쓸 수 없는 반면, 'a lot of'나 'lots of'는 셀 수 있는 명사와 셀 수 없는 명사 앞에 모두 쓸 수 있기 때문에 일상표현에서 활용빈도가 'much'보다 높게 나타난다.

Word Tips a lot of, had

2   그들은 **즐거운 시간을 가졌습니다**.

Writing Tip '즐거운 시간을 가지다'는 'have a good time'과 be동사를 활용한 진행형의 'are/is/am having a good time'을 통해 표현할 수 있다.
    Have a good time. 즐거운 시간을 가지다.
    Are/Is/Am having a good time. 즐거운 시간을 가지고 있는 중이다.
be동사를 활용한 진행형의 표현이 훨씬 구체적이고, 실감나는 표현이다.
'힘든 시간을 가지다'는 표현도 마찬가지다.
    Have a difficult time. 힘든 시간을 가지다.
    Are/Is/Am having a difficult time. 힘든 시간을 가지고 있는 중이다.
be동사를 활용한 진행형의 표현이 생동감이 더 강하게 나타난다.

Word Tips good time

3   한 폭풍이 그녀의 **집을 덮쳤습니다**.

Writing Tip '집을 덮쳤다'라는 표현을 나타내기 위해 'covered(덮었다)'라는 동사를 많이 사용한다. 그러나 동사 'covered'를 써서는 안 된다. 왜냐하면 'cover'는 무엇인가를 보호하거나 가리기 위해서 덮을 때 쓰는 동사이기 때문이다. 'damage(손해)'를 끼치려고 덮는 것이 아니기 때문이다. 반면 동사 'hit(치다, 때리다, 덮치다)'는 '치다'라는 뜻을 가지고 있다. 폭풍이 집을 덮치면 그 집에 'damage(손해)'를 끼칠 것이기 때문에 동사 'cover'가 아니라 'hit'을 써야한다.

Word Tips hit, storm

4   아무도 그녀의 집에 들어가지 않았습니다.

Writing Tip 'No one'은 '아무도 ~않다'라는 부정의 뜻을 이미 지니고 있기 때문에 문장 안에 다시 부정어 'not'을 쓸 필요가 없다. 만일 'no one' 대신 일반명사 'people'을 써서 동일한 내용을 전달하려면 부정어 'not'을 써서 'people did not~'으로 해야 한다. 'No one'보다 'Nobody(아무도 ~않다)'가 개개인을 강조해서 말하는 의미의 차이는 있지만 내용에 아무런 변화도 가져오지 않는다.

Word Tips entered, no one

5   한 소년이 그녀의 집으로 돌진했습니다.

Writing Tip 동사 'rushed'는 좀 강한 표현으로 돌진하다가 얼굴이나 몸에 상처가 생겨도 모르고 정신없이 뛰어가는 상황을 나타낸다. 목표를 정해놓고 오로지 그것 하나만 보고 뛰어가는 것으로 약간의 희생과 부상은 감수하겠다는 표현이다. 누군가 'rush'하고 있다면, 그것을 막기도 힘들고, 억지로 막다보면 두 사람 모두 다칠 수 있는 상황이 될 수도 있다.

Word Tips rushed

6   네가 나를 살렸구나.

Writing Tip 동사 'save'는 '구하다'라는 뜻과 함께 '저축하다, 모으다'라는 뜻도 있다.
  I **saved** money. 나는 돈을 모았다.
'자리를 봐주다/지켜주다'라는 표현도 동사 'save'를 통해 나타낼 수 있다.
  Can you **save** this seat? 이 자리 좀 봐주시겠어요?/지켜주시겠어요?

Word Tips saved

7   그 노파는 소년의 손을 잡았습니다.

Writing Tip 동사 'take'와 'hold'는 모두 '잡다, 쥐다'라는 뜻을 가지고 있지만, 미묘한 차이가 있다. 'hold'는 삽기는 잡지만 움켜지게ㅏ 모아 잡는 느낌이 강해 한번 잡으면 놓아주지 않을 기세가 강하게 느껴지는 표현인 반면, 'take'는 'hold'에 비해 느슨하게 잡은 느낌을 표현한다. 동사 'take'는 '잡다'는 뜻 이외에 '취하다, 가지다'라는 소유의 뜻도 가지고 있다.

Word Tips took

Story Writing

Paragraph 1

₁한 노파가 ₂살았습니다. ₁그 노파는 많은 돈을 ₂가지고 있었습니다. ₁그녀는 가족이 ₂없었습니다. ₁한 배고픈 소년이 그녀를 ₂찾아왔습니다. ₁그 소년은 빵이 ₂필요했습니다. ₁노파가 "안녕"이라고 ₂인사했습니다. ₁그녀는 친구가 ₂필요했습니다. ₁그 소년은 ₂미소 지었습니다. ₁그들은 즐거운 시간을 ₂가졌습니다. ₁노파가 ₂이야기를 하면, ₁그 소년은 ₂웃었습니다.

Paragraph 2

어느 날 ₁한 폭풍이 그녀의 집을 ₂덮쳤습니다. ₁벽이 ₂넘어졌습니다. ₁그 벽은 그 노파를 ₂짓눌렀습니다. ₁그녀는 ₂소리를 지르며, 그녀의 손을 ₂흔들었습니다.
"₂도와주세요! 저를 ₂살려주세요!" ₁사람들은 그녀를 ₂바라보았습니다. ₁아무도 그녀를 ₂돕지 않았습니다. ₁아무도 그녀의 집에 ₂들어가지 않았습니다. ₁그들은 아무것도 ₂할 수 없었습니다. ₁그들은 그 위험을 ₂알고 있었습니다.

Paragraph 1

____ old woman _____. The _____ _____ had ___ _____ ___ money. She _____ no _____. A _____ boy _____ _____. The boy _____ _____. The old woman _____, "Hi!". She _____ a _____. The boy _____. They _____ a _____ _____. The _____ _____ _____ and the boy _____.

Paragraph 2

_____ _____ a storm _____ her _____. A _____ _____. The wall _____ the _____ _____. She _____ and _____ her _____.

"Help! _____ me!" People _____ _____ her. _____ _____ _____ her. ____ _____ _____ her house. They _____ _____ do _____. They _____ the _____.

Story Writing

Paragraph 3

어디선가부터 갑자기, ₁한 소년이 그녀의 집으로 ₂돌진했습니다. ₁그는 이전의 그 배고픈 소년 ₂이었습니다. ₁그 소년은 노파의 집을 ₂기어 올라갔습니다. ₁그는 두려움을 ₂보이지 않았습니다. ₁그 소년은 그 노파를 그의 등 위에 ₂업었습니다. ₁그 소년이 그녀를 ₂구했습니다.

"₂고맙구나. ₁네가 나를 ₂살렸구나. 너는 ₁어디에 ₂있었니? 너의 부모님은 ₁어디에 ₂계시니?" ₁그는 아무 ₂말도 하지 않았습니다. ₁그 소년은 그냥 거기에 ₂서있었습니다.

Paragraph 4

₁사람들이 ₂말했습니다. "₁그는 귀머거리 ₂예요. ₁그는 혼자 ₂살아요."

₁그 노파는 소년의 손을 ₂잡았습니다. 그리고 그의 손바닥 위에 ₂썼습니다.

"₁너는 나와 함께 ₂살자꾸나. 지금부터 ₁너는 나의 아들이 ₂되렴. ₁너는 나의 생명을 ₂구했다. 이제부터는 ₁내가 너를 ₂구해줄게."

주어 + 동사 (+ 목적어)

Paragraph 3

From _____, a boy _____ ____ her house. He _____ the _____ boy _____. The boy _____ the old _____'s _____. He _____ no _____. The boy _____ the old woman ____ his _____. The boy _____ ____.

"Thank you. You _____ ____. _____ were you? Where are _____ _____?" He said _____. The boy _____ _____ _____.

Paragraph 4

People _____, "He is a _____. He _____ _____."

The old woman _____ the _____'s _____ and _____ ____ his _____.

"You _____ _____ me. _____ now, you _____ my _____. You _____ my _____. I'll _____ _____ from _____ ____."

Go on to the 120 page

Review Sentence Writing

1   ₁우리는 많은 추억들을 ₂가지고 있습니다.
   _____

2   ₁그는 재미있는/흥겨운 시간을 ₂가졌습니다.
   _____

3   ₁그들은 그 위험을 ₂모르고 있었습니다.
   _____

4   ₁네가 나를 ₂잡아당겼구나.
   _____

5   ₁그 낯선 사람이 나의 가방을 ₂건드렸습니다.
   _____

6   ₁한 고객이 나에게 ₂전화를 했습니다.
   _____

Word Tips 1. memories   2. interesting/exciting   3. danger, didn't know   4. pulled   5. stranger, touched   6. customer

7   ₁두려움이 우리를 ₂덮쳤습니다.
   _____

8   ₁사람들이 극장 안으로 ₂들어갔습니다.
   _____

9   ₁버스 한 대가 인도로 ₂돌진했습니다.
   _____

10 ₁우리는 그냥 거기에 ₂앉아있었습니다.
   _____

11 ₁누군가 ₂왔다 갔습니다.
   _____

12 ₁그는 좋은 일을 ₂했습니다.
   _____

13 ₁시간은 세상을 ₂변화시킵니다.
   _____

14 ₁누구나 실수를 ₂합니다.
   _____

Word Tips 7. fear   8. entered   9. rushed into   10. just sitting   11. left   12. did, thing/work   13. changes
14. Everybody, makes

15   ₁네가 ₂결정해라.
_____

16   ₁나는 너를 ₂꿈꿨다.
_____

17   ₁누가 문을 ₂고쳤니?
_____

18   ₁우리는 의견을 ₂나눴습니다.
_____

19   ₁그들은 피자를 ₂배달했습니다.
_____

20   ₁나의 어머니는 그것을 ₂환불했습니다.
_____

Go on to the 120 page

Word Tips 15. decide   16. dreamed   17. fixed   18. share, opinion   19. delivered   20. refunded

Story Two

Writing에 있어서
생명과도 같은 존재
전치사

전치사

Writing에 있어서 생명과도 같은 존재

1 문장의 이상적인 단어 배열

한국어를 영어로 옮길 때 미세한 감정전달까지는 힘들지만, 정확한 단어의 배열만으로도 의미 전달은 가능하다.

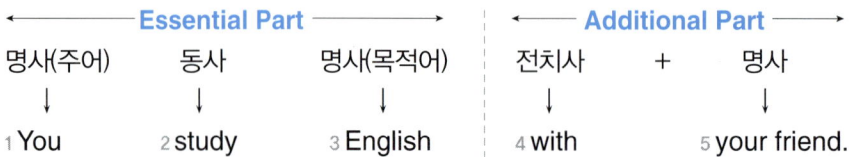

2 전치사의 위치

(1) Essential Part 뒤, 즉 첫 번째(주어)와 두 번째(동사), 세 번째(목적어) 오는 단어로 이루어진 부분이 끝나는 문장의 뒤에 주로 위치한다.

　　₁The restaurant　　₂offers　　₃a good salad　　₄with other food.

(2) 명사의 뒤에 쓸 수 있다.

　　₁The [restaurant] by(next to) our [office] across the street ₂offers ₃a good [salad]
　　　　　명사　　　　　　　　　　　　명사　　　　　　　　　　　　　　　　　　　명사
　　with other [food].
　　　　　　　명사

3 전치사의 성격

(1) 문장을 길게 쓰는데 결정적인 역할을 한다.

　　₁The restaurant by(next to) our office across the street ₂offers ₃a good salad
　　　　　　　　　　　　　～옆에　　　　　　　　　～을 건너

　　with other food for people in the town after 2p.m. from Monday to Thursday.
　　～와 함께　　　　～을 위하여　　～안에　　　　～뒤에　　　　～로부터　　　　～까지

(2) Additional Part로 생략해도 문법적으로 전혀 영향을 받지 않는다.

~~₁The restaurant by(next to) our office~~ across the street ₂offers ₃a good salad ~~with other food~~ for ~~people in the town~~ after 2p.m. from Monday to Thursday.

4 전치사의 종류

- 학기말 시험에 대하여: about the final exam
- 평균 이상으로: above the average
- 그 길을 가로질러서: across the street
- 평균 점수 아래: below the average score

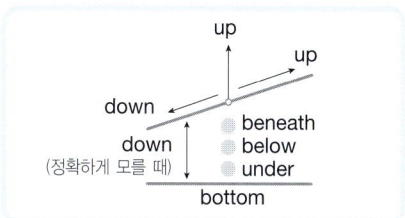

- 얇은 종이 밑에: beneath the thin paper
- 그 상황 아래에: under the situation
- 길 아래에서: down the street
- 정문 옆에: next to / by / beside the main entrance
  * 'next to'는 바로 붙어있는 옆으로, 'by'보다 더 가까운 옆을 나타낸다.
- 나무 사이에: between / among the trees
  * 'between'은 '둘 사이'를 나타내며, 'among'은 '셋 이상 사이'를 나타낸다.
- 오후 두 시까지: by / till / until 2p.m.
  * 'by'는 일상적인 표현을 나타내며, 'until'은 정식의 표현으로 강한 어조를 나타낸다.
- 상상을 넘어서: beyond our imaginations

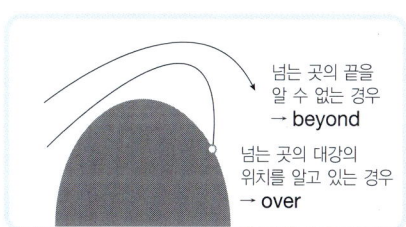

Writing에 있어서 생명과도 같은 존재 **전치사**

- 그로 인해서: by him
    * 수동태와 함께 쓰인다.
- 어려움에도 불구하고: despite difficulties
- 봄 방학 동안에: during the spring vacation
    * 뒤에 숫자를 쓸 수 없으며, 주로 과거의 '동안에'를 나타낸다.
- 너를 위해서: for you
- 몇 시간 동안: for several/a few hours
    * 'several'은 '7~8' 정도를 나타내며, 'a few'는 '3~4' 정도를 나타낸다.
- 과거로부터: from the past
- 2008년에(년도): in 2008
- 겨울에(계절): in the winter
- 10월에(달): in October
- 미래에: in the future
  현재에: in the present
  과거에: in the past
- 아침에: in the morning
  낮에: in the afternoon
  저녁에: in the evening
    * 밤에: at night
- 회의실 안에: in the meeting room
  내 마음 속에: in my mind
  사진 속에: in the picture
- 방 안으로: into the room

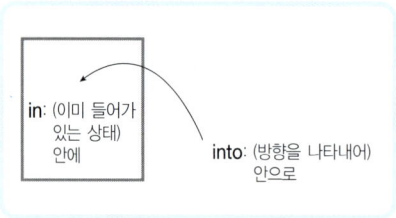

in: (이미 들어가 있는 상태) 안에
into: (방향을 나타내어) 안으로

- 안내소 근처에: near the information desk
- 팔 위에: on my arm
  무대 위에: on the stage

- 수요일에(요일): on Wednesday
    * 수요일 아침에: on Wednesday morning
- 그 구역 안에: within the area

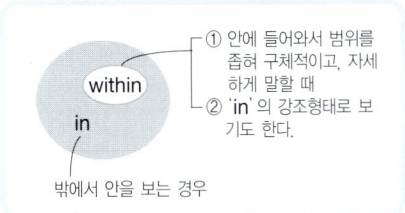

- 돈 없이: without money
- 나의 마음과 함께: with my heart
- 그의 돈을 가지고: with his money
- 그들처럼: like them
- 점심식사 후에: after lunch
- 스튜디오에/쪽으로: to studio
- 우리를 향하여: toward us
- 그 문을 통하여: through the door
- 베일 뒤에서: behind a veil
- 내 주위에: around me

Preview the Story Sentence

1   한 노파가 Colorado 강 근처에서 살았습니다.

Writing Tip 전치사 'near(~근처에)'는 'around(~주변에), by, beside(~옆에), next to(~바로 옆에), across(~건너서), down(~아래에)' 등의 전치사로 대신할 수 있다. 의미상 약간의 차이가 생기지만, Additional Part로 문법적으로는 아무런 영향을 받지 않는다. 다양한 전치사의 활용 능력은 영어 문장을 길게 쓰는 첫걸음이다.

Word Tips near, lived

2   그녀는 그녀 자신을 위해서 친구가 필요했습니다.

Writing Tip '그녀 자신'처럼 '자신'을 표현하는 말을 재귀대명사라고 한다. 재귀대명사의 종류를 살펴보면 'myself(나 자신), yourself(너 자신), yourselves(너희들 자신), himself(그 자신), herself(그녀 자신), themselves(그들 자신), itself(그것 자신)'가 있다. 자주 범하는 실수 중 하나가 '그들 자신'인 'themselves'를 'themself'로, 복수 '너희들 자신'인 'yourselves'를 'yourself'로 표현하는 것이다. 재귀대명사 복수를 표현할 때는 뒤에 '~selves'를 붙여야 한다.

Word Tips for, needed

3   노파가 소년에게 이야기를 했습니다.

Writing Tip 'talk'는 '~와 함께 이야기하다/대화하다'는 뜻으로, 반드시 상대방과 함께 이야기를 주고받았음을 나타낸다. 동사 'say'는 상대방이 나의 말을 듣던지 말든지 상관없이 일방적으로 말하는 경우를 나타내기 때문에 누구에게 말하는지 그 대상의 방향을 표시하는 전치사 'to'를 반드시 써야한다. 동사 'talk'는 '~와 함께' 이야기를 주고받기 때문에 주로 전치사 'with'와 함께 쓰인다. 동사 'talk' 뒤에 전치사 'to'가 올 수도 있다. 그러나 한쪽이 일방적으로 말하는 경우를 나타내는 것이 아니라 말하는 사람이 70%정도 이야기하고, 듣는 사람도 30%정도 대답하고, 의견도 표현한다는 의미이다. 반면 전치사 'with'는 말하는 사람과 듣는 사람이 50%정도씩 대화를 주고받았다는 의미이다.

Word Tips to, talk

4   그녀는 그 벽 아래에 깔렸습니다

Writing Tip 동사 'crush'는 심하게 으깨지고, 찌부러지는 느낌을 주는 다소 강한 느낌을 주는 단어이다. 하지만 뜻 그대로 으깨지고, 찌부러진다는 의미로 받아들이기 보다는 '심하게 눌리다'는 의미를 강조한 것으로 보아야한다.

Word Tips under, was crushed

5   사람들이 집 안에 있는 그녀를 바라보았습니다.

Writing Tip 동사 'look'은 무엇인가를 집중해서 관심을 가지고 바라볼 때 쓰이기 때문에 바라보는 대상의 위치가 정해져 있게 된다. 그러므로 장소를 나타내는 전치사 'at'와 항상 함께 쓰여 정확하게 어디를 바라보는지 나타낸다. 'look at'보다 더 집중해서 대상을 바라볼 때는 동사 'watch'를 사용하며, 집중하지 않고 눈이 떠져있어서 어쩔 수 없이 그냥 보게 되는 경우는 동사 'see'를 사용한다.

Word Tips looked at, in

6   그들 가운데 아무도 그녀를 돕지 않았습니다.

Writing Tip 전치사 'among'은 둘 이상의 사람 또는 사물의 '가운데/사이에'라는 의미를 나타낸다. 단지 두 사람 또는 사물의 '가운데/사이에'는 전치사 'between'을 사용한다. 전치사 'between'은 주로 뒤에 접속사 'and'가 연결되어 'between A and B' 즉, 'A와 B사이'라는 표현으로 자주 쓰인다.

Word Tips no one, among

7   너도 나처럼 가족이 필요할 거야.

Writing Tip 'like'는 '~처럼'이라는 뜻의 전치사로 쓰였지만, 동사로 '~을 좋아하다'는 뜻으로도 쓰인다. 'like'는 가장 이상적인 문장의 단어배열 '명사+동사+명사/전치사+명사'에서 두 번째 자리, 동사로도 쓸 수 있으며, 네 번째 자리, 전치사로도 쓸 수 있다. 예를 들어 'score'를 명사로 쓰면 '점수'라는 뜻이지만, '동사'로 쓰면 '점수를 매기다'라는 뜻이 된다. 이처럼 영어는 그 단어의 위치가 어디에 쓰이느냐에 따라서 뜻도, 품사도 달라질 수 있다.

Word Tips like, a family

Story Writing

Paragraph 1

한 노파가 Colorado강 근처에서 살았습니다. 그 노파는 집 안에 많은 돈을 가지고 있었습니다. 그녀는 오랫동안 가족이 없었습니다. 한 배고픈 소년이 오후에 그녀를 찾아왔습니다. 그 소년은 그 자신을 위해서 빵이 필요했습니다. 노파가 "안녕"이라고 그 소년에게 인사 했습니다. 그녀는 그녀 자신을 위해서 친구가 필요했습니다. 그 소년은 그녀에게 미소 지었습니다. 그들은 즐거운 시간을 가졌습니다. 노파가 소년에게 이야기를 하면, 그 소년은 웃었습니다.

Paragraph 2

어느 날 밤, 한 폭풍이 예고 없이 그녀의 집을 덮쳤습니다. 그녀는 소파 위에서 자고 있었습니다. 그런데 벽이 그녀 위로 넘어졌습니다. 그녀는 그 벽 아래에 깔렸습니다. 그 벽은 그 노파를 짓눌렀습니다. 그녀는 소리를 지르며, 사람들을 향해서 그녀의 손을 흔들었습니다. "도와주세요! 저를 살려주세요!" 사람들은 집 안에 있는 그녀를 바라보았습니다. 그들 가운데 아무도 그녀를 돕지 않았습니다. 집 주변에는 많은 사람들이 있었습니다. 그러나 아무도 그녀의 집에 들어가지 않았습니다. 그녀는 사람들로부터 도움이 필요했습니다. 그들은 그녀를 위해서 아무것도 할 수 없었습니다. 그들은 경험을 통해서 그 위험을 알고 있었습니다.

주어 + 동사 (+ 목적어) **+ 전치사**

Paragraph 1

____ _____ woman _____ _____ the Colorado River. The old _____ _____ a lot _____ _____ _____ her house. She _____ _____ _____ for __ _____ _____. A _____ boy _____ her _____ the _____ _____. The boy _____ bread _____ _____. The old _____ _____, "Hi!" __ him. She _____ a _____ for _____. The boy _____ __ _____. They _____ a _____ _____. The old woman _____ ____ the _____ and the _____ _____.

Paragraph 2

____ _____ a storm _____ ____ _____ _____ warning. She _____ _____ the _____. _____, a _____ _____ ____ her. She _____ _____ _____ the _____. The _____ _____ the old woman. She _____ and _____ her _____ _____ the _____. "Help! _____ me!" People _____ ____ her _____ _____ _____. No one _____ _____ ____ _____ her. Many people _____ _____ ____ _____, but no one _____ ____ _____. She _____ a help _____ _____. They _____ not ____ _____ _____ her. They _____ ____ _____ _____ the _____.

Go on to the 120 page

Story Writing

Paragraph 3

어디선가부터 갑자기, 한 소년이 위험에도 불구하고 그녀의 집으로 돌진했습니다. 그것은 그 배고픈 소년이었습니다. 그 소년은 노파의 집을 기어 올라갔습니다. 그 소년은 무너진 벽으로부터 그녀를 구했습니다. 그는 두려움을 보이지 않았습니다. 그 소년은 벽 아래에 있는 그 노파를 그의 등 위에 업었습니다. 그 소년은 큰 위험으로부터 그녀를 구했습니다. "고맙구나. 네가 위험으로부터 나를 살렸구나. 너는 어디에 있었니? 너의 부모님은 어디에 계시니?" 그는 그녀에게 아무 말도 하지 않았습니다. 그 소년은 작은 나무처럼 거기에 서있었습니다.

Paragraph 4

사람들이 그녀에게 말했습니다. "그는 귀머거리예요. 그의 가족은 도시로 떠나 버렸어요. 그 후로 그는 혼자 살아요."
그 노파는 소년의 손을 잡았습니다. 그리고 그의 손바닥 위에 그녀의 손가락으로 썼습니다. "너는 지금부터 나와 함께 살자꾸나. 너도 나처럼 가족이 필요할 거야. 너는 나의 생명을 죽음으로부터 구했단다. 이제부터는 내가 너를 구해줄게."

주어 + 동사 (+ 목적어) + 전치사

Paragraph 3

_____ _____, a boy _____ _____ her house _____ _____ _____. It was _____ _____ _____. The _____ _____ the _____ _____'s _____. The boy _____ _____ _____ the _____ wall. He _____ ____ _____. The boy _____ the old woman _____ the ____ ____ _____ _____. The boy _____ _____ _____ the _____ _____.

"Thank you. You _____ me _____ the _____. Where _____? _____ are your _____?" He _____ nothing _____ _____. The boy _____ _____ like __ _____ _____.

Paragraph 4

_____ _____ _____ her, "_____ _____ a _____. His family _____ ____ the _____. _____ _____ he lives _____." _____ _____ _____ took _____ _____'s _____ and ____ his _____ _____ her _____.

"You _____ _____ me _____. You will _____ a _____ like _____. You _____ _____ _____ from _____ _____. I'll _____ _____ _____ now _____."

Go on to the 121 page

Story Two_전치사

Review Sentence Writing

1   사람들은 중심가 근처에서 삽니다.

2   방문객들은 그들을 위해서 안내자가 필요했습니다.

3   나는 어항 안에 있는 물고기를 바라보았습니다.

4   나는 그 길을 통해서 지나왔습니다.

5   누가 나를 교통사고로부터 구했니?

6   그는 통장에 많은 돈을 가지고 있었습니다.

Word Tips 1. near, downtown 2. visitors, a guide 3. looked at, the fishbowl/fish tank 4. through
5. saved, from 6. in, bank account

7   그들은 사람들에게 충고했습니다.

8   그녀는 스트레스 아래에 있습니다(스트레스 받고 있습니다).

9   그 사고 후로 그는 차를 팔았습니다.

10   나처럼 해봐!

11   그는 그 사건을 위해서 증거를 수집했습니다.

12   그는 사람들을 기차 안으로 밀었습니다.

13   우리들 가운데 아무도 대답하지 않았습니다.

14   너는 언제부터 나와 함께 공부할래?

Word Tips 7. advised   8. under   9. After, sold   10. like   11. collected, the case   12. pushed, into
13. Among, answered   14. When, will/be going to, with

15   그 디자이너는 지금부터 바쁩니다.

16   그들은 불평 없이 환불해 주었습니다.

17   그것은 당신의 오른쪽에 있습니다.

18   그녀는 왼쪽으로 차선을 바꿨습니다.

19   내 뒤에 서있어!

20   그것은 제 허리 주변에 꽉 낍니다.

Go on to the 121 page

Word Tips 15. designer, from   16. refunded, complaints   17. on, side   18. changed, to, the left   19. behind   20. tight, around, waist

Story Three

동사에 더하고, 보태는 역할
부사

부사

동사에 더하고, 보태는 역할

1 부사(Adverb)의 정의

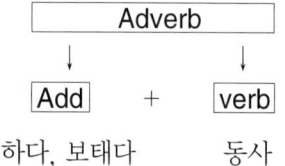

- 동사에 더하고, 보태는 역할

2 부사의 종류

(1) 부사는 형용사에 '-ly'를 붙여서 만든다.

형용사 kind → 부사 kindly　　　　형용사 warm → 부사 warmly
형용사 perfect → 부사 perfectly　　형용사 beautiful → 부사 beautifully

(2) 단어 자체가 부사

sometimes, always, never, often, …

3 부사의 위치

(1) 동사와 가능한 가까운 앞 또는 뒤에 위치한다.

부사　동사　부사

She is always busy.
➡ 부사는 be동사 뒤에 위치한다.

I always go there.
➡ 부사는 일반 동사 앞에 위치한다.

(2) 문장에서 부사의 위치는 자유롭다.

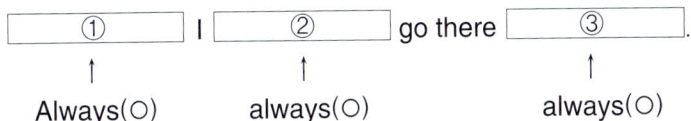

① Always I go there.: 영어는 중요하고, 강조할 것을 앞으로 보내므로 'Always'를 강조하는 의미가 된다.
② I always go there.: 일반 동사 'go'에 뜻을 더하고, 보태는 의미가 된다.
③ I go there always.: 부연설명의 의미가 된다.

(3) 부사는 명사 앞에 올 수 없다.

▶ 형용사 우선의 법칙: 명사는 형용사와 함께 쓰이기 좋아하고, 명사와 형용사가 함께 쓰이면 함께 움직인다.

a book + good → a good book   the people + nice → the nice people
명사   형용사   명사   형용사

4 부사의 성격

(1) 동사에 더하고, 보태는 역할

Tom perfectly finished the job.

(2) 형용사에 더하고, 보태는 역할

I am extremely happy.

➡ 부사는 형용사에 '-ly'를 붙여서 만들어지므로, 같은 성격을 지닌 형용사를 꾸미는 것은 당연하다.

(3) 부사에 더하고, 보태는 역할

He speaks English very well.

▶ '꾸며줌, 수식함, 도와줌'의 의미는 가까이 쓴다는 것이다.

Preview the Story Sentence

1 한 폭풍이 예고 없이 갑자기 그녀의 집을 덮쳤습니다.

Writing Tip 'suddenly'는 부사로, 부사의 일반적인 위치는 be동사 뒤 그리고 일반 동사 앞이다. 부사 'suddenly'를 강조하고 싶다면 문장 맨 앞으로 보내면 된다. 이와 반대로 부사 'suddenly'의 느낌을 약화시키고 싶다면, 즉 부연설명으로 사용하고 싶다면 문장 맨 뒤로 보내면 된다. 부사는 문장에서 위치가 자유롭기 때문에 문장의 어디든지 편하게 올 수 있다. 그러나 그 쓰이는 위치에 따라서 미묘한 의미의 차이가 있다는 것을 기억해두어야 한다.

Word Tips hit, suddenly, warning, without

2 그 벽은 그 노파를 아주 세게 짓눌렀습니다.

Writing Tip '아주 세게'라는 뜻을 나타내는 'so hard'는 형용사에 '-ly'가 붙지 않는 부사로, 'so hard' 자체가 이미 '아주 세게'라는 강조하는 의미를 포함하고 있으므로 문장 맨 앞으로 보내 다시 강조하지 않는다.

Word Tips so hard, pressed

3 한 소년이 위험에도 불구하고 서둘러서 그녀의 집으로 돌진했습니다.

Writing Tip '~에도 불구하고'를 나타내는 표현에는 'despite, in spite of, although, even though, though' 등이 있다. 이들 가운데 'despite'와 'in spite of'는 전치사로 뒤에 명사가 와야 하지만, 'although, even though, though'는 부사절을 이끄는 부사로 뒤에 문장이 와야 한다.

Word Tips rushed to, the danger, despite, hurriedly

4 그 소년은 용감하게 노파의 집을 기어 올라갔습니다.

Writing Tip 동사 'climb'은 두 손과 발을 사용해서 지면에 몸을 거의 붙이고 기어 올라가는

상태를 나타낸다. 그냥 '올라가다'라고 표현할 때는 'go up'을 사용한다. 이외에 '올라가다, 오르다'라는 뜻을 가진 단어로는 'rise, mount, soar, elevate' 등이 있다.

Word Tips bravely, climbed

5   그 소년이 큰 위험으로부터 안전하게 그녀를 구했습니다.

Writing Tip '큰 위험'을 표현할 때는 'big'을 쓰지 말고, 'great'를 써야한다. 'big'은 실제로 눈에 보이는 크기를 표현할 때 사용하는 반면, 'great'는 상태나 상황 같은 심리적으로 느껴지는 크기를 표현할 때 주로 사용한다. 예를 들어 'big cars'는 실제로 눈에 보이는 크기를 표현하는 것이고, 'great cars'는 크기보다는 심리적으로 느껴지는 차의 가치, 가격, 분위기, 성능 등이 좋다/크다는 것을 표현하는 것이다. 그러므로 심리적으로 느껴지는 상태, 상황을 나타내는 'danger'는 'great'로 꾸며 주는 것이 좋다.

Word Tips safely, a danger, saved

6   네가 정말로 위험으로부터 나를 살렸구나.

Writing Tip '전치사+명사'는 문장 맨 앞에도 쓸 수 있고, 문장 뒤에도 쓸 수 있기 때문에 '위험으로부터'를 나타내는 'from the danger' 역시 문장 맨 앞 또는 문장 뒤 모두 쓸 수 있다. 영어는 중요하고, 강조하고 싶은 것일수록 앞으로 보내므로 'from the danger'를 강조하고 싶다면 문장 맨 앞으로 보내면 된다. 반면 강조의 목적이 아니라 내용상 필요에 의해서 쓰는 경우라면 문장 뒤로 보내면 된다.

Word Tips really, saved, from

Go on to the 121 page

Story Writing

Paragraph 1

한 노파가 Colorado강 근처에서 혼자 살았습니다. 그 노파는 집 안에 많은 돈을 가지고 있었습니다. 슬프게도 그녀는 오랫동안 가족이 없었습니다. 한 배고픈 소년이 오후에 그녀를 찾아왔습니다. 그 소년은 그 자신을 위해서 빵이 절실히 필요했습니다. 노파가 "안녕"이라고 그 소년에게 따스하게 인사했습니다. 그녀 역시 그녀 자신을 위해서 친구가 필요했습니다. 그 소년은 그녀에게 미소 지었습니다. 그들은 즐거운 시간을 가졌습니다. 노파가 소년에게 이야기를 하면, 그 소년은 밝게 웃었습니다.

Paragraph 2

어느 날 밤, 한 폭풍이 예고 없이 갑자기 그녀의 집을 덮쳤습니다. 그녀는 소파 위에서 자고 있었습니다. 그런데 벽이 그녀 위로 넘어졌습니다. 그녀는 그 벽 아래에 깔렸습니다. 그 벽은 그 노파를 아주 세게 짓눌렀습니다. 그녀는 소리를 지르며, 사람들을 향해서 필사적으로 그녀의 손을 흔들었습니다.

"도와주세요! 저를 살려주세요!" 사람들은 집 안에 있는 그녀를 걱정스럽게 바라보았습니다. 그들 가운데 아무도 그녀를 돕지 않았습니다. 집 주변에는 이미 많은 사람들이 있었습니다. 그러나 아무도 그녀의 집에 선뜻 나서서 들어가지 않았습니다. 그녀는 사람들로부터 도움이 필요했습니다. 그들은 그녀를 위해서 아무것도 할 수 없었습니다. 그들은 경험을 통해서 그 위험을 잘 알고 있었습니다.

주어 + 동사 (+ 목적어) + 전치사 + 부사

Paragraph 1

____ _____ _____ _____ _____ _____ the Colorado _____. The _____ _____ _____ __ _____ of money ____ _____ _____. _____ she _____ no _____ for ___ _____ _____. A hungry _____ _____ _____ ____ _____ afternoon. The boy _____ _____ _____ for _____. The ____ _____ said, "Hi!" ____ him _____. She _____ _____ a friend ___ _____. The boy _____ ___ _____. _____ had a _____ _____. ____ ____ _____ talked ____ the boy _____ the boy _____ _____.

Paragraph 2

____ _____ a storm _____ ____ _____ house _____ _____. She _____ ___ the _____. _____, __ _____ _____ on _____. She ____ _____ _____ the wall. The _____ _____ the _____ woman ___ _____. She _____ and _____ _____ her _____ _____ the people. "_____! _____ me!" People _____ _____ at _____ in _____. No one _____ _____ _____ her. Many people _____ _____ _____ the house, but ____ _____ _____ _____ her _____. She _____ a _____ from _____ _____. They could not _____ _____ _____ _____. They _____ the _____ _____ _____ the _____.

Go on to the 121 page

Story Writing

Paragraph 3

어디선가부터 갑자기, 한 소년이 위험에도 불구하고 서둘러서 그녀의 집으로 돌진했습니다. 그것은 그 배고픈 소년 이었습니다. 그 소년은 용감하게 노파의 집을 기어 올라갔습니다. 그 소년은 무너진 벽으로부터 그녀를 구했습니다. 놀랍게도, 그는 두려움을 보이지 않았습니다. 그 소년은 벽 아래에 있는 그 노파를 그의 등 위에 조심스럽게 업었습니다. 그 소년은 큰 위험으로부터 안전하게 그녀를 구했습니다.

"고맙구나. 네가 정말로 위험으로부터 나를 살렸구나. 너는 어디에 있었니? 너의 부모님은 어디에 계시니?" 그는 그녀에게 아무 말도 하지 않았습니다. 그 소년은 작은 나무처럼 그냥 거기에 서있었습니다.

Paragraph 4

사람들이 그녀에게 무관심하게 말했습니다, "그는 귀머거리예요. 그의 가족은 도시로 떠나 버렸어요. 그 후로 그는 혼자 조용히 살아요."

그 노파는 소년의 손을 부드럽게 잡았습니다. 그리고 그의 손바닥 위에 그녀의 손가락으로 또박또박 썼습니다.

"너는 지금부터 나와 함께 살자꾸나. 너도 나처럼 가족이 필요할 거야. 너는 나의 생명을 죽음으로부터 구했단다. 이제부터는 내가 너를 구해줄게."

Paragraph 3

_____ _____, a boy _____ _____ to _____ _____ _____ the _____. It _____ the _____ _____. The boy _____ _____ the _____ woman's _____. The _____ _____ her _____ the _____ wall. _____, he _____ no _____. The boy _____ _____ the ____ _____ _____ the _____ ___ his _____. The boy _____ _____ her _____ _____ _____ _____.

"Thank you. You _____ _____ ____ _____ the danger. Where _____ _____? _____ are your _____?" He _____ _____ to _____. _____ _____ just _____ there _____ a _____ _____.

Paragraph 4

People _____ said ___ _____, "He ____ a _____. ____ _____ _____ ___ the city. _____ _____ he lives _____ _____." The old _____ _____ _____ the boy' ___ _____ and _____ _____ on ____ _____ with _____ _____.

"You _____ _____ _____ _____ _____. You will _____ __ _____ _____ ___. You _____ my _____ ____ the _____. I'll _____ _____ _____ ____ on."

Go on to the 122 page

Review Sentence Writing

1   한 남자가 우리 집 근처에서 혼자 살았습니다.

2   누군가 갑자기 문을 두드렸습니다.

3   그녀는 비쌌음에도 불구하고 서둘러서 그것을 샀습니다.

4   우리는 정말로 그것이 필요합니다.

5   그는 부드럽게 차를 운전했습니다.

6   나는 아주 살짝 그것을 건드렸습니다.

Word Tips 1. alone, near 2. Suddenly, knocked 3. hurriedly, despite, high 4. really 5. smoothly 6. lightly

7   우리는 그 내용을 잘 이해하고 있었습니다.

8   흥미롭게도 우리는 같은 생일을 가지고 있습니다(생일이 같다).

9   그는 차를 불안하게 몰았습니다.

10 이것은 그냥 아무 것도 아닙니다.

11 우리는 누군가의 도움이 절실히 필요했습니다.

12 아무도 선뜻 돈을 내지 않았습니다.

13 나는 용감하게 진실을 말했습니다.

14 그는 그의 느낌을 자세하게 설명했습니다.

Word Tips 7. understood, content   8. Interestingly, the same   9. unstably   10. nothing   11. desperately, someone's   12. voluntarily   13. bravely   14. thoroughly, feeling

15   그녀는 일을 말끔하게 끝냈습니다.

16   나는 진지하게 대답했습니다.

17   의식적이든 무의식적이든 우리는 다른 사람에 대해서 이야기합니다.

18   나는 이 상황을 완벽하게 이해합니다.

19   그 버스는 빈번하게 늦는다.

20   그는 즉시 답장을 보냈습니다.

Word Tips 15. neatly   16. seriously   17. Consciously, unconsciously, talk about   18. completely, situation
19. frequently, late   20. reply/answer, immediately

Story Four

동사의 명사화
To 부정사 & 동명사

동사의 명사화
To부정사 & 동명사

1 to부정사가 만들어진 이유

(1) 동사의 명사화

동사	명사화	동사	명사화
공부하다	공부하는 것	study	to study
일하다 + '~는 것' →	일하는 것	work + 'to' →	to work
만나다	만나는 것	meet	to meet

▶ 명사를 새롭게 만들지 않고, 동사를 명사로 만들 수 있는 가장 빠른 방법이다.

(2) to부정사라는 이름의 정의

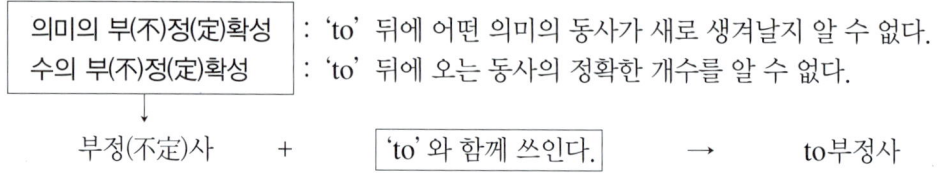

2 문장에서 to부정사의 활용

(1) to부정사는 동사를 명사화한 것이므로 문장에서 명사의 위치에 올 수 있다.

명사	동사	명사	전치사 + 명사
To study(○)	is	our responsibility.	
I	like	to study.(○)	
We	talk		about to study.(×)

(2) to부정사는 전치사 뒤에 올 수 없다.

I object to to meet him.

➡ to부정사의 'to'는 전치사 'to'의 spell을 그대로 사용하기 때문에 전치사 'to' 뒤에 to부정사를 쓰면 모양이 똑같은 전치사 'to'와 to부정사의 'to'가 반복된다.

(3) 반복을 피하는 방법

to부정사의 '~는 것'이라는 의미를 지닌 'to'를 생략하면, 하나의 문장에 두 개의 동사가 생길뿐 아니라, '~는 것'이라는 해석이 빠져 올바르게 해석을 할 수 없게 된다.

We	talk	about	to study. (×)
우리는	말한다	~에 대해	공부한다

I	object	to	to meet	him. (×)
나는	반대한다	~에	만난다	그를

▶ to부정사 이외의 '~는 것'이라는 의미를 지니며, 전치사 뒤에 쓸 수 있는 새로운 말을 만들어야 한다.

3 동명사가 만들어진 이유

(1) to부정사의 단점을 보완하기 위해 만들어 졌다.

→ 주어는 짧고, 간단해야 하는데 to부정사를 주어로 쓰면 아무리 짧아도 두 단어로 복잡해진다.
→ to부정사는 전치사 뒤에 쓸 수 없다.

(2) 동사의 명사화

동사		명사화	동사		명사화
공부하다		공부하는 것	study		studying
일하다	+ '~는 것' →	일하는 것	work	+ '-ing' →	working
만나다		만나는 것	meet		meeting

(3) 문장에서 동명사의 활용

동명사는 동사를 명사화한 것이며, 전치사 뒤에 쓸 수 없는 to부정사의 단점을 보완하기 위해 만들어졌으므로 문장에서 명사의 모든 위치에 올 수 있다.

명사	동사	명사	전치사 + 명사
Studying(O)	is	our responsibility.	
I	like	studying.(O)	
We	talk		about studying.(O)

동사의 명사화 **To부정사 & 동명사**

4　to부정사와 동명사의 호환성

(1) 문장 맨 앞(주어) 자리는 to부정사와 동명사의 교환이 항상 가능하다.

　　　To fix a bicycle is my hobby.
　　　= Fixing a bicycle is my hobby.

(2) 세 번째(목적어) 자리는 to부정사와 동명사의 교환이 불가능한 경우가 있으며, 동사에 의해 결정된다.

　　I hope to see her again.

　➡ to부정사를 목적어로 취하는 동사

　　They finished reading this book.

　➡ 동명사를 목적어로 취하는 동사

　　She began to talk.
　　= She began talking.

　➡ to부정사와 동명사를 모두 목적어로 취하는 동사

5　동명사의 성격

동명사는 100% 동사이고, 100% 명사임을 문장에서 증명할 수 있어야 한다.

Studying is important.

➡ 동명사 Studying이 100% 명사인 증거: 동사 'is' 앞에 쓰였다.
　동명사 Studying이 100% 동사가 아닌 증거: 뒤에 목적어인 명사가 없다.

= To study is important.

Studying English is important.

➡ 동명사 Studying이 100% 명사인 증거: 동사 'is' 앞에 쓰였다.
　동명사 Studying이 100% 동사인 증거: 뒤에 목적어인 명사 'English'가 있다.

= To study English is important.

▶ to부정사를 주어로 쓰는 것은 강조의 의미로, 뒤에 목적어인 명사가 없어도 상관없다.

6 'in order to(~을 하기 위하여)'와 'to(~는 것)'의 구별

> I woke up at six ~~in order to~~ go to my friend's house. I took a taxi ~~in order to~~ go to my friend's house on time. I called my friend ~~in order to~~ talk to him.

➡ 'in order to'가 계속 반복되어 반복을 아주 싫어하는 영어에서 활용이 꺼려지므로, 'in order to'에서 'in order'을 생략하고, 'to'만 사용한다. 외형상으로는 어떤 것이 to부정사의 'to(~는 것)'인지, 어떤 것이 in order to의 'to(~을 하기 위하여)'인지 구별할 수 없다.

(1) 문장 속에서 해석을 통해 구별할 수 있다.

I came here to paint. 나는 그림을 그리기 위하여 여기에 왔습니다.
I want to paint. 나는 그림 그리는 것을 원합니다.

➡ '~하기 위하여'와 '~는 것' 두 가지 중 한 가지 방법으로만 해석이 가능하다.

(2) 문장 속에서 'to' 이하를 생략했을 때 위치를 통해 구별할 수 있다.

I came here ~~to paint~~. 문법(O), 내용전달(O)
~~To paint~~ I came here. 문법(O), 내용전달(O)

➡ '~하기 위하여'의 'in order to'는 생략해도 문장에 영향을 주지 않으며, 문장의 앞·뒤에 모두 쓸 수 있다.

I want ~~to paint~~. 문법(O), 내용전달(X)
~~To paint~~ I want. 문법(O), 내용전달(X)

➡ '~는 것'의 to부정사는 생략하면 문법적인 실수가 나타나며, 주어와 목적어로만 쓰이는 위치의 제약이 있다.

# Preview the Story Sentence

1   그녀는 함께 살기위한 가족이 없었습니다.

Writing Tip 'don't have'를 짧게 줄인 표현이 바로 'no'이다. 다음 문장을 'no'를 사용해서 짧게 줄일 수 있다.
    I **don't have** problems.
    = I have **no** problems.
'don't have' 보다는 'no'가 훨씬 간략하고, 쉽고, 눈에 들어오기 간편하고, 기억하기 쉽다. 그래서 'don't have'를 자주 'no'로 줄여서 강조의 용도로 사용한다.

Word Tips no family, to live with

2   한 배고픈 소년이 오후에 빵을 얻기 위해서 그녀를 찾아왔습니다.

Writing Tip '방문하다'는 뜻의 동사 'visit'는 '오다'는 뜻의 동사 'come'보다 정식의 표현이다. 동사 'visit'는 방문하기 전에 미리 이야기를 하든지, 아니면 계획을 세워두었다가 방문하는 것을 나타내는 반면, 동사 'come'은 문득 생각이 나서 또는 미리 예약하지 않은 상태에서 가벼운 마음으로 들르는 것을 나타낸다.
    He **came**. 그가 왔다.
    He **visited**. 그가 방문했다.
동사 'visited'가 준비성에서 동사 'came'보다 훨씬 강하다는 것을 기억해두자.

Word Tips in the afternoon, visited, to get

3   노파가 그녀의 이야기를 나누기 위해서 소년에게 이야기를 했습니다.

Writing Tip '나누다'는 뜻의 동사 'divide'는 눈에 실제로 보이는 물건을 나누는 경우에 사용하며, 동사 'share'는 의견이나 관심, 취미, 느낌, 감정 등 눈에 보이지 않는 것을 나누는 경우에 사용한다. 나누어서 서로 소유를 정할 때는 동사 'divide'로 나타내지만, 서로 나누어서 일의 부담을 줄이고, 돕고자 할 때 주로 동사 'share'로 나타낸다.

Word Tips to talk, her story, to share

4   그녀는 빠져나가기 위해 사람들을 향해서 필사적으로 그녀의 손을 흔들었습니다.

Writing Tip '흔들다'를 표현할 때는 'shake, tremble, wave, vibrate, shiver, quiver'와 같은 단어들을 주로 사용한다. 각각의 단어들은 자신들만의 미묘한 의미의 차이를 나타낸다.
    shake 위아래로 심하게 흔들리는 것을 나타내거나 좌우로 정신없이 흔들리는 것을 나타낸다.
    tremble 특별한 규칙 없이 불규칙적으로 shake보다 가늘게 떠는 것을 나타낸다.
    wave 마치 물결이 일듯 일정한 모양을 가지고 흔들리는 것을 나타낸다.
    vibrate 아주 가늘게 진동하는 것을 나타낸다.
    shiver 추워서 떠는 것을 나타낸다.
    quiver 무서움에 또는 공포감에 의해서 떠는 것을 나타낸다.

Word Tips waved, to escape, toward

5   그녀를 돕는 것은 어려워보였습니다.

Writing Tip 동사 'seem'과 'look'은 모두 '~처럼 보이다'는 뜻으로 번역된다. 그러나 동사 'seem'은 느낌이나 짐작으로 판단해 볼 때 '~처럼 보이다'는 것을 나타내며, 동사 'look'은 실제로 눈에 보이는 것에 의해서 '~처럼 보이다'는 것을 나타내는 것이다. 즉, 'seem'은 추측하는 것이고, 'look'은 본 것을 그대로 말하는 것이다.

Word Tips difficult, to help, seemed

6   그녀를 그 집밖으로 데리고 나오는 것은 더 어려웠습니다.

Writing Tip 'more'는 문장에서 쓰임새가 다양하다. 형용사로 쓰이며, 부사와 대명사로도 쓰인다. 각각의 경우를 문장에서 살펴보면 쉽게 이해할 수 있다.
    I need **more**(형용사) money. 우리는 더 많은 돈이 필요하다.
    You should study **more**(부사). 너는 더 공부해야 한다.
    More(대명사) will come. 더 많은 사람들이 올 것이다.

Word Tips out of the house, to take her, more

7   나는 너의 부모님 보는 것을 원한단다.

Writing Tip 부모님 두 분, 즉 아버지, 어머니와 함께 살고 있으면 복수 'parents'로 나타내며, 한쪽 부모, 즉 아버지 또는 어머니 중 한분과 함께 살고 있으면 단수 'parent'로 나타낸다. 'parents'와 'parent' 모두 '부모'를 나타내는 단어로 듣는 사람이나 말하는 사람이 부모의 유무(有無)에 따라서 차별을 적게 느끼고, 감정적인 부담감도 줄이려는 배려가 담겨있다.

Word Tips to see, want, parents

Go on to the 122 page

Story Writing

Paragraph 1

한 노파가 Colorado강 근처에서 혼자 살았습니다. 혼자 사는 것은 외로웠습니다. 그 노파는 집 안에 많은 돈을 가지고 있었습니다. 많은 돈을 가지고 있다는 것이 그녀를 행복하게 만들지 않았습니다. 슬프게도 그녀는 오랫동안 함께 살기위한 가족이 없었습니다. 한 배고픈 소년이 오후에 빵을 얻기 위해서 그녀를 찾아왔습니다. 그 소년은 그의 빈 배를 채우기 위해서 빵이 절실히 필요했습니다. 노파가 그 소년을 안심시키기 위해서 "안녕"이라고 그에게 따스하게 인사했습니다. 그녀 역시 그녀 자신을 위해서 친구가 필요했습니다. 그 소년은 그녀에게 미소 지었습니다. 그들은 즐거운 시간을 가졌습니다. 노파가 그녀의 이야기를 나누기 위해서 소년에게 이야기를 하면, 그 소년은 밝게 웃었습니다.

주어 + 동사 (+ 목적어) + 전치사 + 부사 + to부정사/in order to, 동명사

Paragraph 1

____ _____ woman _____ _____ _____ _____ _____ _____. ____ _____ alone was _____.⁽¹⁾ _____ old _____ had ___ _____ ____ _____ __ _____ _____. ____ _____ a _____ of _____ did ____ _____ her _____.⁽²⁾ _____ she _____ no _____ ___ _____ _____ for a _____ _____. A hungry _____ _____ _____ in the afternoon ____ _____ _____. The boy _____ _____ _____ to _____ his _____ _____. The old _____ _____, "Hi!" ____ him _____ ___ _____ the boy. She _____ _____ a _____ for _____. The boy _____ ____ her. _____ ____ a _____ _____. The old woman _____ to the boy ____ _____ ____ _____ and the _____ _____ _____.

⁽¹⁾ 동명사 _____ alone was lonely.

⁽²⁾ 동명사 _____ a lot of money did not make her happy.

Story Writing

Paragraph 2

어느 날 밤, 한 폭풍이 예고 없이 갑자기 그녀의 집을 덮쳤습니다. 그녀는 창 옆에 있는 소파 위에서 자고 있었습니다. 그녀는 소파 위에서 자는 것을 좋아했습니다. 벽이 그녀 위로 넘어졌습니다. 그녀는 그 벽 아래에 깔렸습니다. 그 벽은 그 노파를 아주 세게 짓눌렀습니다. 무거운 벽 아래에 있는 것은 그녀를 숨쉬기 힘들게 만들었습니다. 그녀는 소리를 지르며, 빠져나가기 위해 사람들을 향해서 필사적으로 그녀의 손을 흔들었습니다.

"도와주세요! 저를 살려주세요!" 사람들은 집 안에 있는 그녀를 걱정스럽게 바라보았습니다. 그들 가운데 아무도 그녀를 돕지 않았습니다. 그녀를 돕는 것은 어려워보였습니다. 집 주변에는 이미 많은 사람들이 그 노파를 보기위해서 있었습니다. 그러나 아무도 그녀를 구하기 위해서 그녀의 집에 선뜻 나서서 들어가지 않았습니다. 그녀는 사람들로부터 도움이 필요했습니다. 그들은 그녀를 위해서 아무것도 할 수 없었습니다. 사실상, 그 집에 들어간다는 것은 위험했습니다. 또 다른 벽이 무너지기 직전이었습니다. 그들은 경험을 통해서 그 위험을 잘 알고 있었습니다.

주어 + 동사 (+ 목적어) + 전치사 + 부사 **+ to부정사/in order to, 동명사**

Paragraph 2

_____ _____ a storm _____ _____ _____ house _____ _____. She _____ _____ _____ _____ ____ the _____. She _____ ____ _____ ____ the sofa.⁽¹⁾ A _____ _____ ____ her. She _____ _____ _____ the _____. The _____ _____ the old _____ ____ _____. ____ ____ _____ the _____ _____ _____ her _____ _____.⁽²⁾ She _____ and _____ _____ _____ _____ the people _____ _____.

"Help! _____ _____!" People _____ _____ ____ her ____ the _____. No one _____ _____ _____ her. _____ _____ her _____ _____.⁽³⁾ _____ _____ were _____ _____ the _____ ____ _____ the _____ _____, but ____ _____ entered ____ _____ ____ _____ her. She _____ ____ _____ _____ the _____. _____ not ____ _____ _____ _____. ____ _____, ____ _____ the house _____ _____.⁽⁴⁾ _____ _____ _____ _____ ____ collapse. They _____ _____ _____ _____ _____ the _____.

(1) 동명사 She liked _____ on the sofa.

(2) 동명사 _____ under the heavy wall made her breath hard.

(3) 동명사 _____ her seemed difficult.

(4) 동명사 In fact, _____ the house was dangerous.

Go on to the 122 page

Story Writing

Paragraph 3

어디선가부터 갑자기, 한 소년이 위험에도 불구하고 그녀를 빼내기 위해서 서둘러서 그녀의 집으로 돌진했습니다. 그것은 그 배고픈 소년이었습니다. 그 소년은 그녀를 보기위해서 용감하게 노파의 집을 기어 올라갔습니다. 그 벽을 기어 올라가는 것이 그의 손가락에 상처를 입혔습니다. 그 소년은 무너진 벽으로부터 그녀를 구했습니다. 놀랍게도, 그는 그녀를 구하기위해서 두려움을 보이지 않았습니다. 그 소년은 그 노파를 집밖으로 데리고 나가기 위해서 그녀를 그의 등 위에 조심스럽게 업었습니다. 그녀를 그 집밖으로 데리고 나오는 것은 더 어렵고, 위험했습니다. 그 소년은 큰 위험으로부터 안전하게 그녀를 구했습니다.

"고맙구나. 네가 정말로 위험으로부터 나를 살렸구나. 너는 나를 구하기 위해서 위험을 감수했구나. 너는 어디에 있었니? 너의 부모님은 어디에 계시니?" 나는 너의 부모님 보는 것을 원한단다. 그는 그녀에게 아무 말도 하지 않았습니다. 그 소년은 작은 나무처럼 그냥 거기에 서있었습니다.

주어 + 동사 (+ 목적어) + 전치사 + 부사 **+ to부정사/in order to, 동명사**

Paragraph 3

_____ _____, ___ _____ _____ _____ ____ her house _____ the _____ _____ _____ _____. _____ _____ _____ _____. The boy _____ _____ the old _____' __ _____ ___ _____ her. _____ _____ the wall _____ _____ _____.⁽¹⁾ The boy _____ _____ _____ the _____ _____. _____, he _____ ____ _____ _____ _____ her. _____ _____ _____ _____ the old woman ___ _____ _____ ___ _____ her _____ of _____ house. _____ _____ _____ _____ of _____ _____ was _____ _____ and _____.⁽²⁾ _____ _____ _____ _____ her from ____ _____ _____.

"Thank you. _____ _____ _____ me _____ the great danger. You _____ the _____ _____ _____ me. _____ were you? _____ are your _____?" __ _____ _____ your _____.⁽³⁾ He ____ _____ ___ her. _____ _____ _____ _____ there _____ a _____ _____.

(1) 동명사 _____ the wall hurt his fingers.

(2) 동명사 _____ her out of the house was more difficult and dangerous.

(3) 동명사 I need _____ your parents.

Go on to the 123 page

Story Writing

Paragraph 4

사람들이 그녀에게 무관심하게 말했습니다. "그는 귀머거리예요. 그의 가족은 돈을 벌기위해서 도시로 떠나 버렸어요. 그 후로 그는 혼자 조용히 살아요."

소년을 위로하기위해서 그 노파는 소년의 손을 부드럽게 잡았습니다. 그리고 그의 손바닥 위에 그녀의 손가락으로 또박또박 썼습니다.

"너는 지금부터 나와 함께 지내자꾸나. 너를 위해서 나의 집에 머무르는 것은 자유란다. 너도 함께 살기위한 가족이 필요할 거야. 너는 나의 생명을 죽음으로부터 구했단다. 이제부터는 내가 너를 구해줄게. 너를 돌봐주는 것이 나의 즐거움이 될 거란다."

주어 + 동사 (+ 목적어) + 전치사 + 부사 **+ to부정사/in order to, 동명사**

Paragraph 4

_____ _____ _____ ____ her, "He is ___ _____. His _____ _____ ____ the city _____ _____ _____. _____ _____ he _____ alone _____."

____ _____ _____ the old woman _____ _____ the _____' __ _____ and _____ _____ on his _____ with _____ _____. "You _____ _____ ____ from _____. ____ _____, ___ _____ my house ____ _____.⁽¹⁾ _____ _____ _____ a family ___ _____ _____. _____ _____ my _____ the _____. I'll _____ _____ _____ _____ _____. _____ _____ _____ you _____ ___ my __ _____.⁽²⁾"

(1) 동명사 For you, _____ at my house is free.

(2) 동명사 _____ care of you will be my pleasure.

Go on to the 123 page

Review Sentence Writing

1   움직이는 것이 힘들었습니다.

2   우리는 별자리를 관찰하기 위해서 천체 망원경을 빌렸습니다.

3   나의 조카들은 침대 위에서 뛰는 것을 좋아했습니다.

4   많은 사람들이 그 표를 사기 위해서 기다렸습니다.

5   중고 책을 사기위해서 학생들은 인터넷을 검색했습니다.

6   많은 돈을 가지고 싶은 것이 우리의 소망입니다.

Word Tips 1. To move, difficult   2. rent, astronomical telescope, observe, constellation   3. nephews, jump on   4. to buy   5. searched, to buy, used books   6. To have, hope

7   그 승객은 바람을 쐬기 위해서 문을 열었습니다.

8   더운 방에 있는 것은 우리를 숨쉬기 힘들게 만들었습니다.

9   그녀의 친구들은 그녀의 이야기를 듣기 위해서 그녀의 주변에 모였습니다.

10   나는 너를 보기 위해서 여기에 왔어.

11   나는 전화하기 위한 동전이 없었습니다.

12   누군가 밤에 당신에 대해 물어보기 위해서 나를 찾아왔있습니다.

13   그 남자는 들어오기 위해서 열쇠를 꺼냈습니다.

14   사실상, 그것을 100% 이해한다는 것은 쉬운 일이 아닙니다.

Word Tips 7. passenger, to have, fresh air 8. To be, made, breath hard 9. were gathered, listen to 10. to see 11. don't have, to make 12. visited, to ask, about 13. took out, to enter 14. in fact

15 그들은 그 배우를 보기 위해서 담장위로 기어 올라갔습니다.

___

16 나는 그 소년을 일으키기 위해서 뛰어갔습니다.

___

17 그와 연락하는 것은 어려워 보였습니다.

___

18 한 소방관이 그를 살리기 위해서 그의 집 안으로 뛰어 들어갔습니다.

___

19 그것에 대해서 모르는 척 하는 것은 더 어려웠습니다.

___

20 나는 너의 담임선생님 보는 것을 기대한단다.

___

Go on to the 123 page

Word Tips 15. climbed up, fence, actor   16. to raise   17. to contact, seemed   18. fire fighter, into, to save
19. To flies away, more   20. expect, class teacher

Story Five

To부정사와 동명사의 단점을 보완
가주어 'It'

To부정사와 동명사의 단점을 보완
가주어 'It'

1. 가주어 'It'을 쓰게 된 배경

(1) 주어는 항상 짧고, 간단해야 한다.

To attend every class is difficult.
주어 　　　　　 동사

= Attending every class is difficult.
주어 　　　　 동사

➡ to부정사가 주어인 문장보다 짧아졌지만, 주어가 그다지 많이 짧아지지는 않았다.

(2) 짧고, 간단한 주어를 찾는 두 가지 조건

① to부정사나 동명사를 이용한 주어보다 짧아야한다.
② to부정사나 동명사 대신 쓰이므로, 문장에서 자체의 뜻이 없어야한다.

It	is	fine	today.
의미×	~이다	날씨가 좋은	오늘
It	is	3 o'clock	now.
의미×	~이다	3시	지금
It	is	Monday	today.
의미×	~이다	월요일	오늘
It	takes	20 minutes	from　here.
의미×	시간이 걸리다	20분	~부터　여기

▶ 'It'은 사전적으로 '그것'이라는 자체의 뜻이 있으나, 문장 안에서 쓰일 때 해석할 의미가 없는 유일한 단어이다.

To attend every class is difficult.
= It is difficult to attend every class.

Attending every class is difficult.
= It is difficult attending every class.

2 가주어 'It' 뒤에 언제 to부정사를 쓰고, 언제 동명사를 쓸까?

(1) 가주어 'It' + to부정사: 일반적이고, 상식적인 상황을 나타낸다.

It is happy to meet my boyfriend.

➡ 상식적이고, 일반적인 상황을 나타낸다.

(2) 가주어 'It' + 동명사: 상식에서 벗어난 특별한 상황이며, 강조된 의미를 나타낸다.

It is happy meeting my boyfriend.

➡ 말하는 사람의 상황이 일반적이지 않은 상대적으로 특별한 상황이며, 강조된 의미를 나타낸다.

▶ It is unusual _____ one million won for nothing.

➡ 공짜로 백만 원을 버는 것은 일상적이고, 상식적인 상황이 아니라 매우 특별한 상황이므로 빈칸에는 동명사 earning이 와야 한다.

3 'Package Grammar' 란?

'to부정사'의 단점을 보완하기위해 '동명사'가 생겼으며, 'to부정사'와 '동명사'의 단점을 보완하기위해 가주어 'It'이 생겼다. to부정사가 없었다면 동명사도 없었을 가능성이 크며, to부정사와 동명사가 없었다면 가주어 'It'도 없었을 가능성이 크다. to부정사, 동명사, 가주어 'It'처럼 서로에게 영향을 주는 문법을 'Package Grammar', 즉 'Family Group'이라한다.

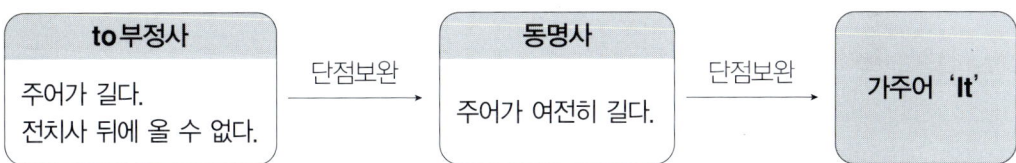

Preview the Story Sentence

1   많은 돈을 가지고 있다는 것이 그녀를 행복하게 만들지는 않았습니다.

___

Writing Tip 'have(가지다, 가지고 있다)' 보다 더 강하게 소유를 나타내는 단어가 'possess (소유하다)' 이다.
  To **have** money 돈을 가지는 것
  To **possess** money 좀 더 강한 소유의 표현
  To **get** money 소유의 의미를 가볍고, 약하게 표현
동사 'make' 뒤에 감정을 나타내는 형용사를 붙여서 자유롭게 말을 만들 수 있다.
  make her **comfort** 그녀를 편안하게 만들다
  make her **sad** 그녀를 슬프게 만들다
  make her **difficult** 그녀를 힘들게 만들다
  make her **beautiful** 그녀를 아름답게 만들다
  make her **serious** 그녀를 진지하게/심각하게/신중하게 만들다

Word Tips to have, didn't make her

2   무거운 벽 아래에 있는 것은 그녀를 숨쉬기 힘들게 만들었습니다.

___

Writing Tip 사역동사 'make' 는 'have' 로 바꾸어 쓸 수 있다. 이때 한 가지 알아둘 것은 사람과 사람 사이에는 더 이상 'make' 나 'have' 와 같은 사역동사를 쓰지 않는다는 것이다. 왜냐하면 '~만들다' 또는 '~시키다' 라는 뜻의 사역동사는 듣는 사람에게 듣자마자 누가 위이고, 누가 아래인지 느끼게 만들기 때문이다. 그래서 계급의 높고, 낮음을 느끼게 하는 'make' 나 'have' 대신 'ask(요청하다)' 나 'allow(허락하다)' 와 같은 일반 동사를 사용한다. 그러나 사람 사이가 아닌 사물이나 동물인 경우에는 사역동사 'make' 나 'have' 를 사용해도 괜찮다.

Word Tips to be, breath hard, under, made

3   그녀를 돕는 것은 어려워 보였습니다.

___

Writing Tip '돕는 것' 을 나타내는 'to help' 는 상황에 따라서 다음과 같은 표현으로 대신할 수 있다.
  To **assist** 옆에서 거드는 모양으로 돕다

To **support** 지지하고, 떠받치는 모양으로 돕다
To **aid** 원조하고, 무엇인가 제공하는 모양으로 돕다
To **give a hand** 직접적이며, 빠르고, 실질적인 도움을 주는 모양으로 돕다
To **succor** 위급한 상황에서 구조하는 모양으로 돕다

Word Tips to help, seemed

4   그 집에 들어간다는 것은 위험했습니다.

Writing Tip 동사 'enter'는 '~에 들어가다'는 뜻과 함께 '~에 입장하다, ~에 입학하다'는 뜻도 함께 가지고 있다.
   Enter the college. 대학에 입학하다.   **Enter** the hall. 홀에 입장하다.
동사 'enter'는 이미 방향을 나타내는 전치사 'to(~에)'의 의미를 포함하고 있으므로, 다시 전치사 'to'를 쓸 필요가 없다.
   Enter to the college. (×)
전치사 'to'를 쓰고 싶다면 다음과 같이 써야한다.
   Get into the college. **Go to** the hall.

Word Tips to enter, was

5   나의 집에 머무르는 것은 자유란다.

Writing Tip 'free'는 부담감, 제약, 약점, 억압으로부터의 자유를 나타낸다. 형용사로 쓰이며, 부사와 동사로도 쓰인다. 각각의 경우를 살펴보면 쉽게 이해할 수 있다.
   free(형용사) countries 자유 국가들
   We entered **free**(부사). 우리는 무료로 입장했다.
   We **freed**(동사) the birds. 우리는 그 새들을 풀어주었다.
'free'를 문장에서 동사로 사용한 경우가 다른 용도에 비해 글의 수준이 높다고 할 수 있다.

Word Tips is, to stay at

6   너를 돌봐주는 것이 나의 즐거움이 될 거란다.

Writing Tip '~을 돌봐주다'라는 표현으로 'take care of' 이외에 'look after, care for, attend to'가 있다.
   take care of 정성을 쏟아 돌봐주는 느낌을 나타낸다.
   look after 뒤를 봐주듯이 돌봐주는 느낌을 나타낸다.
   care for 마음을 많이 쓰면서 관심을 가져주고, 심리적으로 안정감을 주면서 돌봐주는 것을 나타낸다.
   attend to 약간 살피듯이 또는 감시하듯이 돌봐주는 것을 나타낸다.

Word Tips will be, to take care of, my pleasure

Go on to the 123 page

Story Writing

Paragraph 1

한 노파가 Colorado 강 근처에서 혼자 살았습니다. 혼자 사는 것은 외로웠습니다. 그 노파는 집 안에 많은 돈을 가지고 있었습니다. 많은 돈을 가지고 있다는 것이 그녀를 행복하게 만들지는 않았습니다. 슬프게도 그녀는 함께 살기 위한 가족이 없었습니다. 한 배고픈 소년이 오후에 빵을 얻기 위해서 그녀를 찾아왔습니다. 그 소년은 그의 빈 배를 채우기 위해서 빵이 절실히 필요했습니다. 그의 얼굴과 눈이 그것을 말해주었습니다. 노파가 그 소년을 안심시키기 위해서 "안녕"이라고 그에게 따스하게 인사했습니다. 그녀 역시 그녀 자신을 위해서 친구가 필요했습니다. 그 소년은 그녀에게 미소 지었습니다. 그들은 즐거운 시간을 가졌습니다. 노파가 그녀의 이야기를 나누기 위해서 소년에게 이야기를 하면, 그 소년은 밝게 웃었습니다. 그 소년은 그냥 듣기만 했습니다.

주어 + 동사 (+ 목적어) + 전치사 + 부사 + to부정사/in order to, 동명사 **+ 가주어 It**

Paragraph 1

___ ____ _____ _____ _____ near _____ _____ _____. ___ ____ _____ to _____ _____. _____ _____ _____ _____ ____ a _____ _____ _____ ____ ____ house. ___ _____ _____ ____ ____ _____ _____ happy ___ _____ a _____ ___ _____. _____ _____ _____ ____ _____ ___ _____ with. A hungry boy _____ _____ ___ ____ _____ _____ _____. _____ _____ _____ _____ _____ ___ _____ his empty _____. _____ _____ and _____ _____ that. _____ ____ _____ _____ ____, "Hi!" _____ him _____ _____ _____ the _____. She _____ _____ ___ _____ _____ _____. The _____ _____ ___ ____. _____ _____ ___ _____ _____. The old woman ____ to ____ _____ ___ _____ _____ story and _____ _____ _____ _____. The _____ _____ _____.

Go on to the 123 page

Story Five_가주어 'It' 73

Story Writing

Paragraph 2

어느 날 밤, 한 폭풍이 예고 없이 그녀의 집을 덮쳤습니다. 그녀는 창 옆에 있는 소파 위에서 자고 있었습니다. 그녀는 소파 위에서 자는 것을 좋아했습니다. 벽이 갑자기 그녀 위로 넘어졌습니다. 그녀는 그 벽 아래에 깔렸습니다. 그 벽은 그 노파를 아주 세게 짓눌렀습니다. 무거운 벽 아래에 있는 것은 그녀를 숨쉬기 힘들게 만들었습니다. 그녀는 소리를 지르며, 빠져나가기 위해 사람들을 향해서 필사적으로 그녀의 손을 흔들었습니다. 사람들은 창 너머로 그녀를 바라보았습니다.

"도와주세요! 저를 살려주세요!" 사람들은 집 안에 있는 그녀를 걱정스럽게 바라보았습니다. 그들 가운데 아무도 그녀를 돕지 않았습니다. 그녀를 돕는 것은 어려워보였습니다. 집 주변에는 이미 많은 사람들이 그 노파를 보기위해서 있었습니다. 그러나 아무도 그녀를 구하기 위해서 그녀의 집에 선뜻 나서서 들어가지 않았습니다. 그들은 서로 바라볼 뿐이었습니다. 그녀는 사람들로부터 도움이 필요했습니다. 그들은 그녀를 위해서 아무것도 할 수 없었습니다. 사실상, 그 집에 들어간다는 것은 위험했습니다. 또 다른 벽이 무너지기 직전이었습니다. 그들은 경험을 통해서 그 위험을 잘 알고 있었습니다.

주어 + 동사 (+ 목적어) + 전치사 + 부사 + to부정사/in order to, 동명사 **+ 가주어 It**

Paragraph 2

_____ _____ a _____ _____ _____ _____ _____ _____. She _____ ___ ____ _____ ___ the _____. She _____ ___ ____ on ____ _____. ___ _____ _____ ____ _____ her. She was _____ _____ ___ ____. The ____ _____ the ____ _____ ___ ____. ___ _____ her _____ _____ to ____ _____ the _____ _____. She _____ and _____ _____ her hands _____ the people ___ _____. People _____ ___ her _____ the _____. "Help! Save me!" _____ _____ _____ ___ her ___ _____ house. ____ _____ _____ _____ _____ her. It _____ _____ ___ _____ her. _____ _____ were _____ _____ the _____ ___ _____ the old woman, _____ ___ _____ _____ _____ _____ _____ ___ _____ her. They _____ _____ ___ ___ _____ _____. ____ _____ ___ _____ _____ the people. ____ _____ ____ _____ anything ____ _____. ___ _____, it _____ _____ _____ ___ _____ the house. _____ wall _____ _____ to _____. _____ _____ the _____ ____ _____ the _____ .

Go on to the 124 page

Story Writing

Paragraph 3

어디선가부터 갑자기, 한 소년이 위험에도 불구하고 그녀를 **빼내기** 위해서 서둘러서 그녀의 집 안으로 뛰어 들어갔습니다. 그것은 그 배고픈 소년이었습니다. 그 소년은 그녀를 보기위해서 용감하게 노파의 집을 기어 올라갔습니다. 그 벽을 기어 올라가는 것은 쉽지 않았습니다. 그리고 그것은 그의 손가락에 상처를 입혔습니다. 그 소년은 그 노파를 보았습니다. 그 소년은 한마디 말도 하지 않았습니다. 그 소년은 무너진 벽으로부터 그녀를 구했습니다. 놀랍게도, 그는 그녀를 구하기 위해서 두려움을 보이지 않았습니다. 그 소년은 그 노파를 집밖으로 데리고 나가기위해서 그녀를 그의 등위에 조심스럽게 업었습니다. 그녀를 그 집밖으로 데리고 나오는 것은 더 어렵고, 위험했습니다. 그 소년은 큰 위험으로부터 안전하게 그녀를 구했습니다.

"고맙구나. 네가 정말로 위험으로부터 나를 살렸구나. 너는 나를 구하기 위해서 위험을 감수했구나. 너는 어디에 있었니? 너의 부모님은 어디에 계시니?" 나는 너의 부모님 보는 것을 원한단다. 그는 그녀에게 아무 말도 하지 않았습니다. 그 소년은 작은 나무처럼 그냥 거기에 서있었습니다. 그는 고개를 숙이고, 아래만 쳐다봤습니다.

주어 + 동사 (+ 목적어) + 전치사 + 부사 + to부정사/in order to, 동명사 + 가주어 It

Paragraph 3

_____ _____, a boy _____ ____ _____ her house _____ _____ _____ _____ release her. ___ _____ _____ _____ _____. The boy _____ _____ the _____ _____ _____ to _____ her. _____ _____ not easy ___ _____ the _____ and ___ _____ _____ _____. ____ ____ saw _____ ___ _____. The boy ____ ____ ____ a ____. The boy _____ ____ from _____ _____ _____. _____, ____ _____ no fear ____ _____ _____. _____ _____ carefully _____ the _____ _____ _____ _____ back _____ her _____ ____ the _____. It _____ more _____ _____ _____ to _____ _____ ____ of _____ _____. _____ boy _____ her _____ _____ _____.

"_____ you. You _____ _____ ___ _____ _____. ___ _____ ___ ___ to ____ me. ____ were ____? _____ are ___ parent__?" I ____ to ____ your _____. He ____ _____ ___ her. ____ ____ just _____ _____ a _____ _____. He _____ his _____ ___ just _____ ____.

Story Writing

Paragraph 4

사람들이 그녀에게 무관심하게 말했습니다. "그는 귀머거리예요. 그의 가족은 돈을 벌기위해서 도시로 떠나 버렸어요. 그 후로 그는 혼자 조용히 살아요."

소년을 위로하기위해서 그 노파는 소년의 손을 부드럽게 잡았습니다. 그리고 그의 손바닥 위에 그녀의 손가락으로 또박또박 썼습니다.

"너는 지금부터 나와 함께 지내자꾸나. 너를 위해서 나의 집에 머무르는 것은 자유란다. 너도 함께 살기위한 가족이 필요할 거야. 너는 나의 생명을 죽음으로부터 구했단다. 이제부터는 내가 너를 구해줄게. 너를 돌봐주는 것이 나의 즐거움이 될 거란다."

Paragraph 4

_____ _____ said ___ _____, "____ ____ ___ _____. _____ family _____ ___ _____ _____ to _____ _____. _____ _____ he _____ _____ _____."

___ _____ _____ the old woman _____ _____ _____ _____ _____ and _____ _____ ___ _____ _____ _____ her finger. "_____ _____ _____ ____ from now. _____ _____, it ___ _____ ___ _____ ___ my house. _____ _____ _____ a _____ ___ ___ with. _____ _____ ___ _____ from _____ _____. I'll _____ _____ _____ ____ ____. It _____ ___ my _____ ___ _____ _____ of you."

Review Sentence Writing

1   혼자 사는 것도 장점이 있습니다.

2   시원한 나무 아래에 있는 것은 나를 늘 행복하게 만들었습니다. 가주어 It 사용

3   그 학교에 들어가는 것이 나의 목표입니다. 가주어 It 사용

4   여기에 머물든 아니면 가든 나의 관심이 아닙니다. 가주어 It 사용

5   당신을 도와주는 것이 나의 즐거움이었습니다. 가주어 It 사용

6   많은 친구를 가지고 있는 것은 그녀를 바쁘게 만들었습니다.

Word Tips 1. alone, also, advantages   2. always, to be, under, cool tree   3. goal, enter   4. concern/consideration, to stay, leave   5. pleasure, to help   6. makes her

7   그 문제를 푸는 것은 상대적으로 쉬웠습니다. 가주어 It 사용

8   그녀와 함께 일하는 것이 나의 즐거움이었습니다. 가주어 It 사용

9   많은 책을 읽는 것은 도움이 됩니다. 가주어 It 사용

10   음악을 듣는 것은 마음을 안정시켜줍니다.

11   먼저 사과하는 것은 어렵습니다. 가주어 It 사용

12   밤을 새워서 공부하는 것이 가끔은 필요합니다. 가주어 It 사용

13   낮잠을 자는 것은 기억력을 향상시킵니다.

14   낯선 사람 옆에 붙어 앉는 것은 불편합니다. 가주어 It 사용

Word Tips 7. relatively, to solve   8. to work, with   9. helpful, to read   10. soothes, mind   11. to apologize   12. Sometimes, necessary, stay up, all night   13. take a nap, enhances   14. uncomfortable, next to, stranger

15   정시에 거기에 도착하는 것은 중요합니다. 가주어 It 사용

_____

16   지금 그것을 취소하는 것은 어렵습니다. 가주어 It 사용

_____

17   비밀을 지키는 것은 누구에게나 힘듭니다. 가주어 It 사용

_____

18   좋은 학교에 들어가는 것은 모두의 바람입니다. 가주어 It 사용

_____

19   하지만 좋은 전공을 찾는 것이 더 중요합니다. 가주어 It 사용

_____

20   잠시 동안 방황하는 것도 인생에 도움이 됩니다. 가주어 It 사용

_____

Go on to the 124 page

Word Tips 15. important, arrive, on 16. to cancel 17. for everyone, keep 18. everybody's hope
19. However, more, to find, major 20. helpful, for a while

Story Six

동사를 도와주는 동사
조동사

동사를 도와주는 동사
조동사

1 조동사의 정의

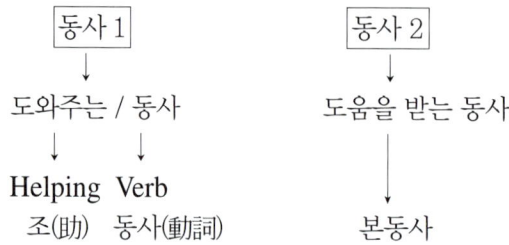

(1) 조동사의 위치: 도움을 주는 본동사의 앞에 위치

(2) 조동사의 역할: 본동사를 도와주는 역할

I may go.(O)
I should go.(O) → 조동사 삭제 → I go.(O)

▶ 조동사는 문법에 영향을 받지 않는 부분으로 영어 문장을 더 길고, 수준 높게 쓰는데 필요한 문법 중의 하나이다.

2 조동사의 종류

(1) may: ~할지도 모른다(50%확률)
might: ~할지도 모른다(20~30% 확률)

(2) should: ~해야만 한다(가벼운 의무)
ought to: ~해야만 한다(가벼운 의무, 정식의 표현)

(3) had better: ~하는 편이 낫다(위에서 아래로 또는 친구들 사이의 충고)

You had better go there. 당신이 안 가면 나중에 안타까울 것이라는 의미

(4) have to: 반드시 ~해야만 한다(과거형 had to)
must: (강한 어조) 죽어도 ~해야만 한다(과거형 had to)

You have to go there. 당신이 안 가면 나중에 손해 본다는 의미
= You have got to go there.
You must go there.   당신이 안 가면 나중에 손해보고, 후회하게 된다는 의미

(5) can: ~할 수 있다(90%의 능력)
could: (한번 시도해 봐야겠지만) ~할 수 있다(60~70%의 능력), ~할 수 있었다(can의 과거형), can의 공손한 표현

I could try latter.   미래의 60~70%의 확률을 의미
I could try before. ~할 수 있었다(can의 과거형)

Can you pass me the salt?   상대방의 능력을 90% 기대, 부담이 큼
Could you pass me the salt? 상대방의 능력을 60~70% 기대, 부담이 낮음

(6) can: ~할 수 있다(90%의 능력, 해보겠다는 의지가 강함)
be able to: ~할 수 있다(100%의 능력, 자신 있는 능력으로 약속에 가까운 의미)

I am able to solve the problem. 못했을 경우, 거짓말 한 것이 됨
I can solve the problem.   못했을 경우, 최선을 다했지만 못했다는 의미

(7) will: 미래의 의지(90%의 의지)
would: 미래의 의지(60~70%의 의지), will의 공손한 표현

Will you pass me the salt?   상대방의 의지를 90% 기대, 심리적 부담이 큼
Would you pass me the salt? 상대방의 의지를 60~70% 기대

(8) would: ~하곤 했었다(단기간 어느 정도 규칙적이고, 반복적인 습관)
used to: ~하곤 했었다(장기간 상당히 규칙적이고, 반복적인 습관)

I would study English.
I used to study English. 장기간 상당히 규칙적인 습관이므로 영어를 더 잘할 거라고 생각

(9) will: (미래에 대한 계획, 의지, 작정) ~할 예정이다, 문득 생각난 확실하지 않은 미래
be going to: (미래에 대한 계획, 의지, 작정) ~할 예정이다, 이미 계획되어 있던 미래

I will see the movie with my friends. 계획된 일이 아닌, 문득 생각나서 친구와 영화를 보겠다는 의미
I am going to see the movie with my friends. 이미 계획된 친구와 영화를 보겠다는 의미

(10) be supposed to: ~하기를 추측 당하다, 기대 당하다(가벼운 권유)
be to: 'be supposed to'의 강조의 표현(사용빈도가 낮다)

You are supposed to attend a meeting.
You are to attend a meeting. 안 가면 안 된다는 강한 표현

Preview the Story Sentence

1   한 노파가 Colorado 강 근처에서 혼자 살**곤 했습니다**.

Writing Tip 조동사 'used to'를 써야할지 'would'를 써야할지는 그것이 얼마나 규칙적이고, 습관적이었나에 따라 결정된다. 아무리 규칙적이고, 습관적이었다 할지라도 기간이 짧을 때와 길 때에 따라 다른 표현을 써야한다. 일반적으로 장기간 규칙적이고, 습관적으로 반복되었던 일은 'used to'를 쓰는 반면, 단기간 불규칙적이고, 약한 습관적으로 반복되었던 일은 'would'를 쓴다. 'would'를 성급히 미래를 나타내는 조동사 'will'의 과거형으로 단정하지 말아야한다.

Word Tips used to, live

2   혼자 사는 것은 외로운 것**임에 틀림없습니다**.

Writing Tip '~임에 틀림없다'를 나타내는 'must be'는 항상 붙어서 쓰이므로 하나의 단어처럼 생각해야한다.
    It **must be** true. 그것은 사실임에 틀림없다.
    You **must be** tired. 너는 피곤한 것임에 틀림없다.
    The answer **must be** an "A". 그 답은 A임에 틀림없다.
'must be'를 부정으로 표현할 때만 'must'와 'be' 사이에 부정어 'not'이 들어간다.
    It **must not be** yours. 그것은 너의 것이 아님에 틀림없다.

Word Tips lonely, must be

3   그 폭풍은 그녀의 집에 손상을 입힐지**도 몰랐습니다**.

Writing Tip '~일지도 모르다'는 추측을 나타낼 때는 'may'와 'might' 두 가지 조동사를 사용할 수 있다. 조동사 'may'는 약 50%정도의 가능성을 추측하며, 조동사 'might'는 약 20~30%정도의 가능성을 추측한다.
    It **may** work. 작동할 가능성이 더 높다.
    It **might** work.
조동사 'may'나 'might'를 사용하지 않고, 비슷한 추측의 뜻을 나타내기 위해서는 동사 'think'를 사용할 수 있다.
    I **think** it works.

Word Tips The storm, damage, might

4   사람들을 향해서 그녀의 손을 흔들어야했습니다.

___

Writing Tip '조동사 'must'는 과거형이 없기 때문에 가장 가까운 뜻을 가지고 있는 'have to'의 과거형 'had to'를 그대로 사용한다. 문장에서 'had to'만 보아서는 이것이 'must'의 과거형인지, 'have to'의 과거형인지 알 수 없다. 이것을 구별하는 유일한 방법은 문장의 앞뒤 내용을 통해 해석하는 것인데, 영어에서 굳이 'must'와 'have to'의 과거형을 구별하지 않고 'had to'로 쓰는 이유는 그것의 구별을 그다지 중요하게 보지 않기 때문이다.

Word Tips   wave, toward, had to

5   그들은 그녀를 위해서 아무것도 할 수 없었습니다.

___

Writing Tip   'could not', 'cannot', 'can not', 'couldn't' 중 현대 영어에서는 잘 사용하지 않는 표현이 있다. 바로 'can not'이다. 'can not'이 문법적으로 틀린 것은 아니지만, 현대 감각에 더 적합한 표현은 'cannot'으로 붙여 쓰는 것이다.

Word Tips   anything, for her, could not do

6   그는 혼자 사는 편이 나아요.

___

Writing Tip   '~하는 편이 좋다'를 나타낼 때는 조동사 'had better'를 사용한다. 'had better'의 'had'를 동사 'have'의 과거형으로 판단해서 'I have better go.'라고 쓰지 말아야 한다. 'had better'는 하나의 단어처럼 쓰이는 표현이다.
   I'd better review. 축약형
   I had better not talk. 부정형
   I had not better talk. (×)

Word Tips   had better

7   너를 돌봐 주는 것이 나의 즐거움이 될 거란다.

___

Writing Tip   미래는 'will'과 'be going to'를 통해 나타낼 수 있다. 'will'은 단순한 계획이나 의지를 나타내며, 자연적으로 그렇게 될 것이라고 어떤 일을 가볍게 추측하거나 기대할 때 사용한다. 반면 'be going to'는 반드시 그렇게 되어야만 하는 미래 상황이나 어떤 일을 할지 미리 세워 놓은 계획을 나타낼 때 사용한다.
   I **will** call you.
   I **am going to** call you.
뚜렷한 계획성을 나타내는 'I am going to call you.'가 전화할 확률이 훨씬 높은 표현이다.

Word Tips   will be, pleasure, to take care of

Go on to the 124 page →

Story Writing

Paragraph 1

한 노파가 Colorado 강 근처에서 혼자 살곤 했습니다. 혼자 사는 것은 외로운 것임에 틀림없습니다. 그 노파는 집 안에 많은 돈을 가지고 있었습니다. 많은 돈을 가지고 있다는 것이 그녀를 행복하게 만들 수 없었습니다. 슬프게도 그녀는 함께 살기 위한 가족이 없었습니다. 한 배고픈 소년이 오후에 빵을 얻기 위해서 그녀를 찾아오곤 했습니다. 그 소년은 그의 빈 배를 채우기 위해서 빵이 필요한 것임에 틀림없습니다. 그의 얼굴과 눈이 그것을 말해줄 수 있었습니다. 노파가 그 소년을 안심시키기 위해서 "안녕"이라고 그에게 따스하게 인사하곤 했습니다. 그녀는 그녀 자신을 위해서 친구가 필요한 것임에 틀림없습니다. 그 소년은 그녀에게 미소 짓곤 했습니다. 그들은 즐거운 시간을 가졌습니다. 노파가 그녀의 이야기를 나누기 위해서 소년에게 이야기를 하면, 그 소년은 밝게 웃었습니다. 그 소년은 그냥 듣기만 했습니다.

주어 + 동사 (+ 목적어) + 전치사 + 부사 + to부정사/in order to, 동명사 + 가주어 It **+ 조동사**

Paragraph 1

___ ____ _____ _____ ___ live _____ _____ the Colorado River. It _____ ___ _____ ___ _____ alone. The _____ _____ _____ a _____ ___ _____ ___ ___ _____ _____. It _____ ____ _____ her _____ ___ _____ ___ _____ _____ _____. _____ she ____ no _____ ___ _____ _____. A hungry boy _____ _____ her ___ _____ _____ to _____ _____. The boy _____ _____ _____ ___ _____ his _____ _____. His _____ and _____ _____ _____ that. The old woman _____ ____ say, "Hi!" ___ him _____ ___ _____ the boy. She _____ _____ ___ _____ for _____. The boy _____ _____ at ____. _____ ____ ___ _____ _____. The _____ _____ _____ ___ the boy ___ _____ _____ _____ and the _____ _____ _____. The _____ just _____.

Go on to the 125 page

Story Writing

Paragraph 2

어느 날 밤, 한 폭풍이 예고 없이 그녀의 집을 덮쳤습니다. 그 폭풍은 그녀의 집에 손상을 입힐지도 몰랐습니다. 그녀는 창 옆에 있는 소파 위에서 자고 있었습니다. 그녀는 소파 위에서 자는 것을 좋아했습니다. 벽이 갑자기 그녀 위로 넘어졌습니다. 그녀는 그 벽 아래에 깔렸습니다. 그 벽은 그 노파를 아주 세게 짓누를 수 있었습니다. 무거운 벽 아래에 있는 것은 그녀를 숨쉬기 힘들게 만들 수 있었습니다. 그녀는 소리를 지르도록 되어 있었습니다. 그러나 목소리가 나오지 않았습니다. 그녀는 빠져나가기 위해 사람들을 향해서 필사적으로 그녀의 손을 흔들어야했습니다. 사람들은 창 너머로 그녀를 바라보아야했습니다.

"도와주세요! 저를 살려주세요!" 사람들은 집안에 있는 그녀를 걱정스럽게 바라보았습니다. 그들은 그녀를 돕도록 되어 있었습니다. 그러나 그들 가운데 아무도 그녀를 도울 수 없었습니다. 그녀를 돕는 것은 어려워보였습니다. 집 주변에는 이미 많은 사람들이 그 노파를 보기위해서 있었습니다. 그러나 아무도 그녀를 돕기 위해서 그녀의 집에 선뜻 나서서 들어가려고 하지 않았습니다. 그들은 서로 바라볼 뿐이었습니다. 그녀는 사람들로부터 도움이 필요했습니다. 그들은 그녀를 위해서 아무것도 할 수 없었습니다. 사실상, 그 집에 들어간다는 것은 위험한 것임에 틀림없었습니다. 또 다른 벽이 무너지기 직전이었습니다. 그들은 경험을 통해서 그 위험을 잘 알고 있었습니다.

주어 + 동사 (+ 목적어) + 전치사 + 부사 + to부정사/in order to, 동명사 + 가주어 It **+ 조동사**

Paragraph 2

___ _____ a _____ ____ her _____ _____ _____. The _____ _____ _____ _____ house. ____ _____ _____ _____ by ____ _____. ____ _____ to _____ ___ ___ _____. A _____ _____ _____ ____ _____. She ____ _____ _____ ____ _____. The wall _____ press ____ old _____ ___ _____. ___ _____ make ____ _____ _____ to ____ _____ the _____ _____. She ____ _____ _____ _____, but ___ came ____. She ____ ___ ____ her hands _____ the _____ ___ _____. People ____ ___ _____ ___ her ____ the _____. "Help! Save me!" _____ _____ _____ ___ her ___ the house. _____ _____ _____ _____ her. But, no one _____ _____ _____ _____ _____. It ____ _____ _____ ___ _____ . _____ _____ were _____ the house ___ ____ _____ _____, but no one ____ _____ _____ _____ her house ___ _____. _____ just _____ ___ _____ _____. ____ a ____ _____ the _____. _____ _____ not _____ _____ _____. ___ _____, it ____ be _____ ___ _____ the house. _____ wall ____ _____ ___ _____. They ____ the _____ _____ _____ the _____ _____.

Story Six_조동사 91

Story Writing

Paragraph 3

어디선가부터 갑자기, 한 소년이 위험에도 불구하고 그녀를 빼내기 위해서 서둘러서 그녀의 집 안으로 뛰어 들어갔습니다. 그것은 그 배고픈 소년이었습니다. 그는 작았습니다. 그 소년은 그녀를 보기 위해서 노파의 집을 기어 올라갈 수 있었습니다. 그 벽을 기어 올라가는 것은 쉽지 않았습니다. 그리고 그것은 그의 손가락에 상처를 입혔습니다. 그 소년은 그 노파를 보았습니다. 그 소년은 한마디 말도 하지 않았습니다. 그 소년은 무너진 벽으로부터 그녀를 구할 예정이었습니다. 놀랍게도, 그는 그녀를 구하기위해서 두려움을 보이지 않았습니다. 그 소년은 그 노파를 집밖으로 데리고 나가기위해서 그녀를 그의 등 위에 조심스럽게 업었습니다. 그녀를 그 집밖으로 데리고 나오는 것은 더 어렵고, 위험했습니다. 그 소년은 큰 위험으로부터 안전하게 그녀를 구할 수 있었습니다.

"고맙구나. 네가 정말로 위험으로부터 나를 살렸구나. 너는 나를 구하기 위해서 위험을 감수했구나. 나는 그것을 믿을 수 없구나. 너는 어디에 있었니? 너의 부모님은 어디에 계시니?" 나는 너의 부모님을 봐야 되겠구나. 그는 그녀에게 아무 말도 하지 않았습니다. 그 소년은 작은 나무처럼 그냥 거기에 서있었습니다. 그는 고개를 숙이고, 아래만 쳐다봤습니다.

주어 + 동사 (+ 목적어) + 전치사 + 부사 + to부정사/in order to, 동명사 + 가주어 It **+ 조동사**

Paragraph 3

_____ _____, a boy _____ ____ _____ ____ house _____ the _____ to _____ _____. ___ was ____ _____ ____. He ____ _____. The boy ____ _____ ___ _____ the old _____'s _____ __ _____ her. ___ ____ ____ _____ ____ climb the _____ and ___ _____ _____ _____. The boy ____ ____ ____ _____. The boy ____ ____ ____ a _____. The ____ was _____ ___ _____ her _____ the _____ _____. _____, he _____ __ _____ ___ _____ _____. The _____ _____ _____ the ____ _____ ___ ____ _____ ___ take _____ _____ ___ _____ _____. It ____ _____ _____ and _____ to _____ her ____ ___ ____ _____. The _____ _____ _____ _____ her _____ _____ _____ _____.

"Thank you. ____ _____ _____ ___ the _____. _____ the _____ ___ _____ me. I _____ _____ it. _____ were ____? _____ are _____ _____?" I _____ ___ see _____ _____. ___ _____ _____ ____ _____. _____ boy _____ _____ _____ _____ a small _____. ___ _____ his _____ and _____ _____ down.

Go on to the 125 page

Story Writing

Paragraph 4

사람들이 그녀에게 무관심하게 말했습니다. "그는 귀머거리예요. 그의 가족은 돈을 벌기 위해서 도시로 떠나 버렸어요. 그 후로 그는 혼자 조용히 살아요. 그는 혼자 사는 편이 나아요."

소년을 위로하기위해서 그 노파는 소년의 손을 부드럽게 잡았습니다. 그리고 그의 손바닥 위에 그녀의 손가락으로 또박또박 썼습니다.

"너는 지금부터 나와 함께 지내야 되겠다. 너는 함께 살기위한 가족이 필요할 거야. 너는 나의 생명을 죽음으로부터 구했단다. 이제부터 내가 너를 구해주도록 하마. 너를 돌봐주는 것이 나의 즐거움이 될 거란다."

주어 + 동사 (+ 목적어) + 전치사 + 부사 + to부정사/in order to, 동명사 + 가주어 It **+ 조동사**

Paragraph 4

_____ _____ _____ ___ her, "___ ___ __ _____. _____ _____ _____ to _____ _____ to _____ _____. _____ _____ he _____ _____ _____. He ____ _____ _____ alone."
___ _____ _____ the ____ _____ _____ _____ the _____ _____ and _____ _____ on _____ _____ _____ _____.
"You _____ _____ _____ ___ _____ _____. You _____ _____ a _____ to _____ _____. You _____ ___ _____ from _____ _____. I ___ _____ ___ _____ you _____ _____ on. It will ___ ___ _____ to _____ _____ of _____."

Go on to the 125 page

Review Sentence Writing

1   우리는 함께 공부하곤 했습니다.

2   나는 그의 느낌을 눈치 챌 수 있었습니다.

3   나는 인내해야했습니다.

4   나는 하루에 단어를 50개씩 외워야했습니다.

5   너는 그 영화를 보지 않는 편이 나아.

6   공부하는 것은 힘든 것임에 틀림없습니다. 가주어 It 사용

Word Tips 1. used to, together 2. could, notice, feeling 3. had to, patient 4. memorize, a day 5. had better, not 6. must be

7   관광객들이 그 식당을 방문하곤 했습니다.

8   그 아기가 유리잔을 깨뜨릴지도 몰랐습니다.

9   나는 빨리 움직여야 했습니다.

10   나는 음식 값을 지불할 수 있었습니다.

11   충분한 돈을 가지고 있는 것은 우리를 행복하게 만들 수 있습니다.

12   우리는 교실에서 점심을 먹곤 했습니다.

13   그들은 그 답을 검사할 수 없었습니다.

14   나는 엽서를 보내야 합니다.

Word Tips 7. tourists, used to/would   8. may/might, glasses   9. had to/should, quickly   10. could pay, for
11. enough, make ~ happy   12. used to, in   13. could, check   14. must/should, send

15 정시에 도착하는 것은 중요한 것임에 틀림없습니다. 가주어 It 사용

16 나는 아무 말도 하지 않는 편이 좋겠어.

17 나는 그를 만날 작정이야.

18 나는 같은 실수를 하곤 했습니다.

19 그것은 아무나 할 수 있습니다.

20 우리는 늦을지도 모릅니다.

Word Tips 15. must be, to arrive   16. had better, not, a word/anything   17. am going to   18. used to, the same   19. Everybody   20. may/might be

Story Seven

동사의 형용사화
과거분사 & 현재분사

동사의 형용사화
과거분사 & 현재분사

1 과거분사

(1) 동사의 과거형

동사		과거동사	동사		과거동사
요리하다		요리했다	cook		cooked
청소하다	+ '~ㅆ다' →	청소했다	clean	+ '-ed' →	cleaned
밀다		밀었다	push		pushed

(2) 동사의 형용사화

동사		형용사화	동사		형용사화
요리하다		요리당한	cook		cooked
청소하다	+ '~당한' →	청소당한	clean	+ '-ed' →	cleaned
밀다		밀림당한	push		pushed

(3) 과거동사 '~ㅆ다'와 형용사 '~당한'의 구별

형용사는 항상 뒤에 명사를 가진다.

cooked food 요리된 음식   cleaned room 청소된 방

pushed people 밀린 사람   fixed doors 고쳐진 문

(4) 형용사 '~당한'의 이름

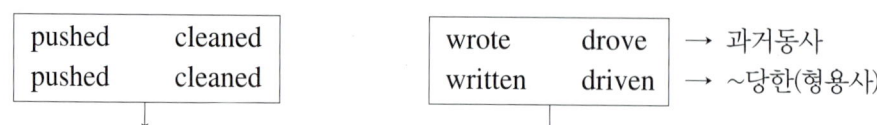

| pushed | cleaned | | wrote | drove | → 과거동사 |
| pushed | cleaned | | written | driven | → ~당한(형용사) |

과거동사와 모양이 똑같아 구별 할 수 없다.   과거동사와 모양이 비슷하다.

➡ '~당한'의 의미를 지닌 형용사를 만들기 위해서 과거동사의 spell을 참조했음을 알 수 있다.

과거동사의 부분으로 만들어진 형용사
↓   ↓   ↓
Past   Part i ciple

▶ 과거분사는 형용사의 또 다른 이름으로 형용사를 빼고, 그 자리에 과거분사를 넣을 수 있다.

2 현재분사

(1) 동사의 형용사화

동사	형용사화	동사	형용사화
요리하다		요리하는	cook		cooking
밀다	+ '~하는' →	미는	push	+ '-ing' →	pushing
청소하다		청소하는	clean		cleaning

(2) 형용사 '~하는'의 이름

cooking mom 요리하는 엄마

pushing people 미는 사람

cleaning lady 청소하는 여자

➡ '~하는'의 의미를 지닌 형용사를 만들기 위해서 현재동사에 '-ing'를 붙였음을 알 수 있다.

현재동사가 부분이 되어서 만들어진 형용사
↓   ↓   ↓
Present Part i ciple

▶ 현재분사는 형용사의 또 다른 이름으로 형용사를 빼고, 그 자리에 현재분사를 넣을 수 있다.

Preview the Story Sentence

1   그 노파는 노란색으로 칠해진 집 안에 많은 돈을 가지고 있었습니다.

Writing Tip 영어는 두 단어를 hyphen(−)으로 묶어서 한 단어처럼 사용하는 경우가 많이 있다.
    left-handed 왼손잡이   three-year-old boys 세 살 된 사내아이들
    red-colored flag 붉게 칠해진 깃발   know-how 전문 기능, 비결
    swait-and-see 사태를 가만히 보고 기다리는
    success-at-all-cost life 어떠한 희생을 감수하고라도 성공해야하는 삶

Word Tips yellow-painted house, had

2   많은 저축된 돈을 가지고 있다는 것이 그녀를 행복하게 만들 수 없었습니다.

Writing Tip 동사 'save'의 과거분사 'saved'와 현재분사 'saving'은 실생활에서 다음과 같은 표현으로 활용 빈도가 매우 높다.
    saved seat 보존된 자리   **saved** coins 모아진/저축된 동전들
    saved material 보존된 재료들   **saved** data 보존된 자료들
    saving account 저축하는 통장   **saving** time 저축하는 시간
    saving deposits 저축하는/저축성 예금   **saving** plan 저축하는 계획

Word Tips a lot of, happy, saved money

3   그의 검게 탄 얼굴과 눈이 그것을 말해줄 수 있었습니다.

Writing Tip '얼굴이 말해준다'라는 표현이 한국어 표현으로는 좀 어색할 수 있지만, 영어에서는 얼굴뿐만 아니라 '상황이 말해준다, 나의 시계가 말해준다, 분위기가 말해준다, 결과가 말해준다, 너의 눈이 말해준다' 등의 다양한 표현들이 있다.
    Your face **tells/says**.   The situation **tells/says**.   My watch **tells/says**.
    The result **tells/says**.   Your eyes **tells/says**.
동사 'tell'은 '~에게 말해주다'라는 뜻으로 이미 방향을 나타내는 전치사 'to'의 의미를 가지고 있으므로, 다시 전치사 'to'를 써서 'tell to'로 쓰지 않도록 주의해야한다. 그러나 동사 'say'는 '말하다'라는 뜻으로, 반드시 누구에게 말하는지 방향을 나타내는 전치사 'to'와 함께 'say to'로 써야한다.

Word Tips tanned face, could tell

4   흔들리는 벽이 갑자기 그녀 위로 **넘어졌습니다**.

Writing Tip   'fell'은 동사 'fall'의 과거형으로, 다양한 전치사와 함께 쓰인다.
   fall to ~로 떨어지다   **fall down** 엎드리다/병들어 눕다   **fall behind** 뒤처지다
   fall off 쇠퇴하다   **fall for** ~에 홀딱 반하다

Word Tips   a shaking wall, fell on, suddenly

5   그녀는 그녀의 **다친** 손을 흔들어야했습니다.

Writing Tip   '다친'을 나타내는 표현은 'injured, wounded, hurt, damaged'가 있다.
   wounded   'injured'보다 더 많이 그리고 깊가 다친 것을 나타낸다.
   hurt   다친 정도나 상태보다 아픈 고통에 더 중점을 둔다.
   damaged   사람보다 주로 건물이나 물건의 손상을 나타낸다.

Word Tips   injured hand(s), waved

6   또 다른 갈라진 벽이 무너지**기 직전이었습니다**.

Writing Tip   '막 ~하려는 참이다'는 'be about to'로 나타낼 수 있다.
   I **was about to** go out. 나는 막 외출하려는 참이었다.
   I **was about to** call you. 나는 막 전화하려는 참이었다.
   It **was about to** start. 그것은 막 시작하려는 참이었다.

Word Tips   was about to, cracked wall, another

7   그들은 경험을 통해서 그 **기다리는** 위험을 잘 알고 있었습니다.

Writing Tip   'waiting'은 실생활에서 다음과 같은 표현으로 활용 빈도가 매우 높다.
   waiting time 기다리는 시간   **waiting** line 기다리는 줄
   waiting people 기다리는 사람들   **waiting** room 기다리는 방/대기실
   waiting lists 기다리는 순서   **waiting** momont 기다리는 순간
   waiting game 기다렸다가 상대방이 어떻게 하는지 지켜보고 하는 경기
   waiting period 결혼 전의 대기 기간/보험금 지불 대기 기간/노동쟁의 후 냉각기간

Word Tips   through, the waiting danger, knew well

Go on to the 125 page

Story Seven _ 과거분사 & 현재분사

Story Writing

Paragraph 1

한 노파가 Colorado 강 근처에서 혼자 살곤 했습니다. 혼자 사는 것은 외로운 것임에 틀림없습니다. 그 노파는 노란색으로 칠해진 집 안에 많은 돈을 가지고 있었습니다. 많은 저축된 돈을 가지고 있다는 것이 그녀를 행복하게 만들 수 없었습니다. 슬프게도 그녀는 함께 살기 위한 보조하는 가족이 없었습니다. 한 허기진 소년이 오후에 빵을 얻기 위해서 그녀를 찾아오곤 했습니다. 그 허기진 소년은 그의 꾸르륵거리는 배를 채우기 위해서 빵이 필요한 것임에 틀림없습니다. 그의 검게 탄 얼굴과 눈이 그것을 말해줄 수 있었습니다. 노파가 그 소년을 안심시키기 위해서 "안녕"이라고 그에게 따스하게 인사하곤 했습니다. 그녀는 그녀 자신을 위해서 가까운 친구가 필요한 것임에 틀림없습니다. 그 소년은 그녀에게 미소 짓곤 했습니다. 그들은 즐거운 대화하는 시간을 가졌습니다. 노파가 그녀의 이야기를 나누기 위해서 소년에게 이야기를 하면, 그 소년은 밝게 웃었습니다. 그 소년은 그냥 듣기만 했습니다.

Paragraph 1

___ ____ _____ _____ to _____ _____ _____ the _____ _____. ___ _____ ___ _____ to _____ _____. The ____ _____ _____ __ _____ _____ in ____ _____ house. It _____ ____ _____ her _____ to _____ a ____ ___ _____ _____. _____ she ____ ___ _____ _____ ____ ___ _____ with. A _____ ____ _____ visit ____ ___ ____ ____ ___ _____ bread. The _____ ____ _____ need _____ to _____ ____ _____ _____. His _____ _____ and _____ _____ _____ _____. The _____ _____ _____ ___ ____, "Hi!" ___ ____ _____ to _____ the boy. ____ _____ _____ a _____ _____ ____ _____. The boy _____ _____ ___ her. _____ ____ a _____ _____ _____. The _____ _____ _____ ___ _____ to _____ ____ _____ and ____ _____ _____ _____. ____ ____ just _____.

Go on to the 126 page

Story Writing

Paragraph 2

어느 날 밤, 한 휘몰아치는 폭풍이 예고 없이 그녀의 집을 덮쳤습니다. 그 폭풍은 그녀의 집에 손상을 입힐지도 몰랐습니다. 그녀는 창 옆에 있는 나무로 만든 소파 위에서 자고 있었습니다. 그녀는 소파 위에서 자는 것을 좋아했습니다. 흔들리는 벽이 갑자기 그녀 위로 넘어졌습니다. 그녀는 그 넘어지는 벽 아래에 깔렸습니다. 그 벽은 그 잠자고 있는 노파를 아주 세게 짓누를 수 있었습니다. 그것은 그녀를 숨쉬기 힘들게 만들 수 있었습니다. 그녀는 소리를 지르도록 되어 있었습니다. 그러나 큰 목소리가 나오지 않았습니다. 그녀는 빠져나가기 위해 사람들을 향해서 필사적으로 그녀의 다친 손을 흔들어야했습니다. 사람들은 부서진 창 너머로 그녀를 바라보아야했습니다.

"도와주세요! 저를 살려주세요!" 사람들은 그녀를 걱정스럽게 바라보았습니다. 그들은 그녀를 돕도록 되어 있었습니다. 그러나 그들 가운데 아무도 그녀를 도울 수 없었습니다. 그녀를 돕는 것은 어려워 보였습니다. 집 주변에는 이미 많은 사람들이 그 갇힌 노파를 보기위해서 있었습니다. 그러나 아무도 그녀를 돕기 위해서 그녀의 집에 선뜻 나서서 들어가려고 하지 않았습니다. 그들은 서로 바라볼 뿐이었습니다. 그녀는 사람들로부터 도움이 필요했습니다. 그들은 그녀를 위해서 아무것도 할 수 없었습니다. 사실상, 그 집에 들어간다는 것은 위험한 것임에 틀림없었습니다. 또 다른 갈라진 벽이 무너지기 직전이었습니다. 그들은 경험을 통해서 그 기다리는 위험을 잘 알고 있었습니다.

주어 + 동사 (+ 목적어) + 전치사 + 부사 + to부정사/in order to, 동명사 + 가주어 It + 조동사 **+ 분사**

Paragraph 2

___ ___ a ___ ___ ___ ___ ___ ___ ___ ___. The ___ ___ ___ her ___. ___ ___ on ___ ___ ___ ___ ___ the ___. She ___ ___ ___ on ___ ___. A ___ ___ ___ ___ on ___. She ___ ___ ___ ___ ___ ___ ___ ___. The ___ ___ the ___ ___ ___ ___ ___ ___. It ___ ___ her ___ ___. She ___ ___ ___ ___ ___, but ___ ___ ___ ___ ___ ___ out. She ___ ___ ___ ___ ___ ___ ___ the people ___ ___. People ___ ___ ___ ___ her ___ the ___ ___.
"Help! ___ me!" ___ ___ ___ ___ at ___. They ___ ___ ___ ___ ___. But, no one ___ ___ ___ help ___. ___ ___ ___ ___ to ___ ___. ___ ___ ___ ___ the ___ to ___ the ___ ___ ___, but ___ ___ ___ ___ ___ ___ her house ___ ___ ___.
They ___ ___ ___ ___ ___ other. ___ ___ a ___ ___ ___ ___ ___. ___ ___ ___ ___ ___ ___ ___ for her. ___ ___, it ___ be ___ ___ ___ ___ ___. ___ ___ ___ ___ ___ ___ to ___. ___ ___ ___ ___ ___ ___ well ___ the ___.

Story Writing

Paragraph 3

어디선가부터 갑자기, 한 소년이 명백한 위험에도 불구하고 그녀를 빼내기 위해서 서둘러서 그녀의 집 안으로 뛰어 들어갔습니다. 그것은 그 허기진 소년이었습니다. 그는 작았습니다. 그 소년은 노파의 집을 기어 올라갈 수 있었습니다. 그 울퉁불퉁한 벽을 기어 올라가는 것은 쉽지 않았습니다. 그리고 그것은 그의 손가락에 상처를 입혔습니다. 그 소년은 그 떨고 있는 노파를 보았습니다. 그 소년은 한마디 말도 하지 않았습니다. 그 소년은 무너진 벽으로부터 그녀를 구할 예정이었습니다. 놀랍게도, 그는 그녀를 구하기위해서 두려움을 보이지 않았습니다. 그 소년은 그 노파를 집밖으로 데리고 나가기위해서 그녀를 그의 등 위에 조심스럽게 업었습니다. 그녀를 그 집밖으로 데리고 나오는 것은 더 어렵고, 위험했습니다. 그 소년은 생명을 위협하는 위험으로부터 안전하게 그녀를 구할 수 있었습니다.

"고맙구나. 네가 정말로 위험으로부터 나를 살렸구나. 너는 나를 구하기 위해서 무서운 위험을 감수했구나. 나는 그것을 믿을 수 없구나. 너는 어디에 있었니? 너의 부모님은 어디에 계시니?" 나는 너의 부모님을 봐야 되겠구나. 그는 그녀에게 아무 말도 하지 않았습니다. 그 소년은 작은 펄럭이는 나무처럼 그냥 거기에 서있었습니다. 그는 고개를 숙이고, 아래만 쳐다봤습니다.

주어 + 동사 (+ 목적어) + 전치사 + 부사 + to부정사/in order to, 동명사 + 가주어 It + 조동사 + 분사

Paragraph 3

_____ _____, a boy _____ _____ _____ ____ _____ _____ the _____ _____ ___ _____ her. ___ _____ _____ _____ _____. ___ _____. ____ _____ was _____ ___ _____ the ____ _____ _____. ___ _____ not _____ ___ _____ the _____ _____ and it _____ _____ _____. _____ _____ _____ ____ _____ _____ woman. The ____ _____ _____ _____ ___ _____. The boy ____ _____ ___ _____ _____ _____ the _____ _____. _____, ___ _____ _____ _____ _____ _____ her. The boy _____ _____ the ____ _____ _____ ___ _____ _____ to _____ ____ ____ ___ _____ house. It _____ _____ _____ and _____ to _____ ____ _____ ___ _____. The _____ _____ _____ _____ _____ _____ the _____ _____ danger.

"Thank you. ____ _____ _____ me _____ ____ _____. ____ _____ the _____ _____ ___ _____ me. I _____ _____ ___. _____ _____ you? _____ are _____ _____?" I _____ ___ _____ _____ parent___. ___ _____ _____ _____ ___ _____. The _____ _____ _____ _____ a _____ _____ _____. He _____ ____ _____ and _____ _____ _____.

Go on to the 126 page

Story Writing

Paragraph 4

사람들이 그녀에게 무관심하게 말했습니다. "그는 귀머거리예요. 그의 가족은 돈을 벌기 위해서 도시로 떠나 버렸어요. 그 후로 그는 혼자 조용히 살아요. 그는 혼자 사는 편이 나아요."

소년을 위로하기위해서 그 노파는 소년의 떨리는 손을 부드럽게 잡았습니다. 그리고 그의 손바닥 위에 그녀의 손가락으로 또박또박 썼습니다.

"너는 지금부터 나와 함께 지내야 되겠다. 너는 함께 살기위한 도와줄 가족이 필요할 거야. 너는 나의 생명을 죽음으로부터 구했단다. 이제부터 내가 너를 구해주도록 하마. 너를 돌봐주는 것이 나의 기쁜 즐거움이 될 거란다."

주어 + 동사 (+ 목적어) + 전치사 + 부사 + to부정사/in order to, 동명사 + 가주어 It + 조동사 **+ 분사**

Paragraph 4

_____ _____ ____ ___ her, "___ ___ a _____. ____ _____ ____ to ___ _____ ___ _____. _____ he _____ _____ _____. He ____ _____ ____ _____."

___ _____ ____ the ____ _____ ____ _____ the ____' __ _____ ____ and _____ _____ ___ his _____ _____ her _____.

"You _____ _____ _____ ___ _____ _____. ____ ____ _____ a _____ _____ to ____ _____. You _____ my ____ ____ ___ _____. I ___ _____ __ _____ you ____ ____ on. ___ _____ __ my _____ _____ to _____ ____ of ____."

Review Sentence Writing

1   그는 끓는 물을 그릇에 부었습니다.

2   나는 열거된 이름들을 보았습니다.

3   그녀는 부상당한 발을 보여주었습니다.

4   나는 그 불꽃이 튀는 기계를 멈추기 직전이었습니다.

5   지금은 달리기하는 시간입니다.

6   나는 많은 저축된 돈을 나의 통장에 가지고 있습니다.

Word Tips 1. poured, boiling, in, bowl   2. listed   3. wounded   4. was about to, sparkling   5. running   6. saved, bank account

7   그들은 흥겨운 시간을 가졌습니다.

8   떠오르는 태양은 아름답습니다.

9   나는 기다리는 사람들을 보았습니다.

10   나는 짖고 있는 개를 피했습니다.

11   우리는 빨간색으로 칠해진 집을 찾고 있습니다.

12   우리는 움직이는 의자들이 필요합니다.

13   반짝이는 별 좀 봐!

14   그들은 다가오는 태풍에 대해서 알고 있었습니다.

Word Tips 7. exciting   8. rising   9. waiting   10. avoided, barking   11. are looking for, red-painted
12. moving   13. at, twinkling   14. about, coming

15 어머니는 청소하는 로봇을 사셨습니다.
_____

16 그는 작문 시험을 치렀습니다.
_____

17 나는 차가운 커피를 좋아합니다.
_____

18 저는 잠자는 시간을 줄여야합니다.
_____

19 회의하는 방은 복도 끝에 있습니다.
_____

20 그것은 망설이는 순간에 일어났습니다.
_____

Word Tips 15. cleaning   16. took, writing   17. iced   18. reduce, sleeping   19. meeting, at, aisle
20. happened, hesitating

Story Word List

문법을 배우고, 배운 문법을 활용하여 글이 되는지 확인했다면, 예문을 통해 외워두는 것이 가장 좋은 방법입니다. 빈 칸을 채우면서 써본 각 Story의 문장을 이해할 수 있도록, 각 Story별로 전개 순서에 따라 제시된 어휘 및 어구의 앞·뒤 내용을 생각하면서 문장을 만들고, 소리 내어 말해 보기 바랍니다.

Story One

old woman
lived
had
a lot of/much
no family
hungry
visited
needed
bread
said, "Hi!"
smiled
a good time
talk
One day
a storm
hit
A wall
pressed
shouted
waved
her hands
Save me
looked at
No one
entered
could not do
anything
the danger
From nowhere
rushed to
climbed
old woman's house
showed
no fear
took
on his back
Where were you?
Where are your parents?
Just
stood
there
said nothing

a deaf
lives alone
took the boy's hand
wrote
on
palm
live with
From now
become
son
my life
I'll=I will
from now on

Story Two

near the Colorado River
a lot of money
in her house
for a long time
visited
in the afternoon
for himself
said, "Hi!"
to him
for herself
smiled at her
talk
to the boy
One night
without warning
on the sofa
fell
on her
was crushed
under the wall
shouted
waved
toward the people
in the house
among them
around the house

entered
from the people
could not do
anything
for her
through the experience
From nowhere
rushed
to her house
despite the danger
climbed
from the broken wall
no fear
under the wall
on his back
from the great danger
from the danger
stood there
like a small tree
said nothing
a deaf
left
to the city
After that
lives alone
the boy's hand
on his palm
with her finger
with me
from now
will need
like me
from the death
I'll save
from now on

Story Three

tory Three
lived alone
near the Colorado River
a lot of money

116 A Boy & An Old Woman

Sadly
for a long time
desperately
for himself
warmly
also
smiled at her
talk to the boy
brightly
suddenly
without warning
fell on her
was crushed
under the wall
pressed so hard
desperately waved
toward the people
worriedly
looked at
among them
Many people were
already
around the house
voluntarily entered
well
through the experience
hurriedly
rushed to
bravely climbed
Surprisingly
carefully took
on his back
safely saved
really saved
just stood
indifferently said
quietly
gently
neatly wrote
with her finger
from now on

Story Four

To live
To have
a lot of money
(in order) to live with
(in order) to get bread
(in order) to fill
his empty stomach
(in order) to ease the boy
(in order) to share her story
to sleep on the sofa
To be under the heavy wall
(in order) to escape
To help her
(in order) to see the old woman
(in order) to save her
In fact
to enter the house
(in order) to release her
(in order) to see her
To climb the wall
(in order) to save her
(in order) to take her
out of the house
to see your parents
(in order) to find work
(in order) To comfort him
For you
to stay at
To take care of you
will be
my pleasure

Story Five

It was lonely to live alone
It did not make her happy to have
a lot of money
His face
eyes
told
just listened

It made her breath hard to be
under the heavy wall
over the window
It seemed difficult to help her
looked at each other
it was dangerous to enter the house
was about to
collapse
It was not easy to climb the wall
it hurt his fingers
did not say
a word
more difficult and dangerous
to take her out of the house
dropped his head
looked down
it is free to stay at my house
It will be my pleasure to take care of you

Story Six

used to live
must be lonely
could not make
would visit
must need
could tell
used to say
would smile at
might damage
could press
could make
was supposed to shout
no voice
came out
had to wave
had to look at
were supposed to help
could help
was going to voluntarily enter

could not do
should be dangerous
was small
was able to climb
was going to save
could safely save
cannot believe
have to see
had better live
should stay
will need
am going to save
will be

a small fluttering tree
the boy's shivering hand
a helping family
my rejoicing pleasure

Story Seven

her yellow-painted house
saved money
supporting family
a starved boy
his growling stomach
His tanned face
a close friend
a good talking time
a blowing storm
wooden sofa
A shaking wall
the falling wall
the sleeping old woman
breath hard
loud voice
her injured hands
the broken window
the trapped old woman
Another cracked wall
the waiting danger
the obvious danger
the rugged wall
the trembling old woman
the broken wall
the life threatening danger
terrifying risk

Writing Answer?
NO!!
Writing Guideline

하나의 문장은 개인의 문법 지식이나 감각 또는 단어의 선택에 따라 다양하게 번역될 수 있기 때문에 이는 특정 문장이 맞고, 그 이외의 다른 문장을 틀렸다고 말 할 수 없습니다. 다만 '더 적절한가?' 라는 기준은 있을 수 있습니다. 이곳에 제시된 문장을 Guideline으로 생각하기바랍니다. 여러분이 완성한 문장과 비교할 대상이 필요하므로 제시했습니다.

● Story One

Preview the Story Sentence

1. The old woman had a lot of money.
2. They had a good time.
3. A storm hit her house.
4. No one entered her house.
5. A boy rushed to her house.
6. You saved me.
7. The old woman took the boy's hand.

₁An old woman ₂lived. ₁The old woman ₂had a lot of money. ₁She ₂had no family. ₁A hungry boy ₂visited her. ₁The boy ₂needed bread. ₁The old woman ₂said, "Hi!". ₁She ₂needed a friend. ₁The boy ₂smiled. ₁They ₂had a good time. ₁The old woman ₂talked and ₁the boy ₂smiled.

One day ₁a storm ₂hit her house. ₁A wall ₂fell. ₁The wall ₂pressed the old woman. ₁She ₂shouted and ₂waved her hands. "₂Help! ₂Save me!" ₁People ₂looked at her. ₁No one ₂helped her. ₁No one ₂entered her house. ₁They ₂could not do anything. ₁They ₂knew the danger.

From nowhere, ₁a boy ₂rushed to her house. ₁He ₂was the hungry boy before. ₁The boy ₂climbed the old woman's house. ₁He ₂showed no fear. ₁The boy ₂took the old woman on his back. ₁The boy ₂saved her.

"Thank you. ₁You ₂saved me. ₁Where ₂were you? ₁Where ₂are your parents?" ₁He ₂said nothing. ₁The boy just ₂stood there.

₁People ₂said, "₁He ₂is a deaf. ₁He ₂lives alone." ₁The old woman ₂took the boy's hand and ₂wrote on his palm.
"₁You ₂live with me. From now, ₁you ₂become my son. ₁You ₂saved my life. ₁I'll ₂save you from now on."

Review Sentence Writing

1. ₁We ₂have many memories.
2. ₁They ₂had an interesting/exciting time.
3. ₁They ₂didn't know the danger.

4. ₁You ₂pulled me.
5. ₁The stranger ₂touched my bag.
6. ₁A customer ₂called me.
7. ₁A fear ₂hit us.
8. ₁People ₂entered/went into the theater.
9. ₁A bus ₂dashed to the sidewalk.
10. ₁We ₂were just sitting there.
11. ₁Some ₂came and left.
12. ₁He ₂did a good thing/work.
13. ₁Time ₂changes the world.
14. ₁Everybody ₂makes a mistake.
15. ₁You ₂decide.
16. ₁I ₂dreamed you.
17. ₁Who ₂fixed the door?
18. ₁We ₂share the opinion.
19. ₁They ₂delivered pizza.
20. ₁My mother ₂refunded it.

● Story Two

Preview the Story Sentence

1. An old woman lived near the Colorado River.
2. She needed a friend for herself.
3. The old woman talk to the boy.
4. She was crushed under the wall.
5. People looked at her in the house.
6. No one among them helped her.
7. You will need a family like me.

An old woman lived near the Colorado River. The old woman had a lot of money in her house. She had no family for a long time. A hungry boy visited her in the afternoon. The boy needed bread for himself. The old woman said, "Hi!" to him. She needed a friend for herself. The boy smiled at her. They had a good time. The old woman talked to the boy and the boy smiled.

One night a storm hit her house without warning. She slept on the sofa. Then, a wall fell on her. She was crushed under the wall. The wall pressed the old woman. She shouted and waved her hands toward the people.

"Help! Save me!" People looked at her in the house. No one among them helped her. Many people were around the house, but no one entered her house. She needed a help from the people. They could not do anything for her. They knew the danger through the experience.

From nowhere, a boy rushed to her house despite the danger. It was the hungry boy. The boy climbed the old woman's house. The boy saved her from the broken wall. He showed no fear. The boy took the old woman under the wall on his back. The boy saved her from the great danger.
"Thank you. You saved me from the danger. Where were you? Where are your parents?" He said nothing to her. The boy stood there like a small tree.

People said to her, "He is a deaf. His family left to the city. After that he lives alone." The old woman took the boy's hand and wrote on his palm with her finger.
"You live with me from now. You will need a family like me. You saved my life from the death. I'll save you from now on."

Review Sentence Writing

1 People lived near downtown.
2 The visitors needed a guide for them.
3 I looked at the fish in the fishbowl/fish tank.
4 I passed through the street/road.
5 Who saved me from the car accident?
6 He had much/a lot of money in his bank account.
7 They advised the people.
8 She is under a stress.
9 After the accident he sold the car.
10 Do like me!
11 He collected the evidence for the case.
12 He pushed people into the train.
13 Among us no one answered.
14 When will/be going to you study with me?
15 The designer is busy from now.
16 They refunded without complaints.

17 It is on your right side.
18 She changed the line to the left.
19 Stand behind me!
20 It is tight around my waist.

● Story Three

Preview the Story Sentence

1 A storm suddenly hit her house without warning.
2 The wall pressed the old woman so hard.
3 A boy hurriedly rushed to her house despite the danger.
4 The boy bravely climbed the old woman's house.
5 The boy safely saved her from the great danger.
6 You really saved me from the danger

An old woman lived alone near the Colorado River. The old woman had a lot of money in her house. Sadly she had no family for a long time. A hungry boy visited her in the afternoon. The boy desperately needed bread for himself. The old woman said, "Hi!" to him warmly. She also needed a friend for herself. The boy smiled at her. They had a good time. The old woman talked to the boy and the boy smiled brightly.

One night a storm suddenly hit her house without warning. She slept on the sofa. Then, a wall fell on her. She was crushed under the wall. The wall pressed the old woman so hard. She shouted and desperately waved her hands toward the people.
"Help! Save me!" People worriedly looked at her in the house. No one among them helped her. Many people were already around the house, but no one voluntarily entered her house. She needed a help from the people. They could not do anything for her. They knew the danger well through the experience.

From nowhere, a boy hurriedly rushed to her house despite the danger. It was the hungry boy. The boy bravely climbed the old woman's house. The boy saved her from the broken wall. Surprisingly, he showed no fear. The boy carefully took the old woman under the wall on his back.

The boy safely saved her from the great danger. "Thank you. You really saved me from the danger. Where were you? Where are your parents?" He said nothing to her. The boy just stood there like a small tree.

People indifferently said to her, "He is a deaf. His family left to the city. After that he lives alone quietly."
The old woman gently took the boy's hand and neatly wrote on his palm with her finger.
"You live with me from now. You will need a family like me. You saved my life from the death. I'll save you from now on."

Review Sentence Writing

1 A man lived alone near my house.
2 Suddenly, someone knocked the door.
3 She hurriedly bought it despite the high price.
4 We really need it.
5 He smoothly drove the car.
6 I touched it so lightly.
7 We understood the content well.
8 Interestingly we have the same birthday.
9 He drove the unstably.
10 This is just nothing.
11 We desperately need someone's help.
12 No one voluntarily gave money.
13 I told the truth bravely.
14 He thoroughly explained his feeling.
15 She neatly finished the work.
16 I answered seriously.
17 Consciously or unconsciously, we talk about other people.
18 I completely understood this situation.
19 The bus frequently comes late.
20 He sent the reply/answer immediately.

● Story Four

Preview the Story Sentence

1 She had no family to live with.
2 A hungry boy visited her in the afternoon to get bread.
3 The old woman talk to the boy to share her story.
4 She desperately waved her hands toward the people to escape.
5 To help her seemed difficult.
6 To take her out of the house was more difficult.
7 I need to see your parents.

An old woman lived alone near the Colorado River. To live alone was lonely. The old woman
     Living alone was lonely.
had a lot of money in her house. To have a lot of
         Having a lot of
money did not make her happy. Sadly she had no money did not make her happy.
family to live with for a long time. A hungry boy visited her in the afternoon to get bread. The boy desperately needed bread to fill his empty stomach. The old woman said, "Hi!" to him warmly to ease the boy. She also needed a friend for herself. The boy smiled at her. They had a good time. The old woman talked to the boy to share her story and the boy smiled brightly.

One night a storm suddenly hit her house without warning. She slept on the sofa by the window. She
             She
liked to sleep on the sofa. A wall fell on her. She liked sleeping on the sofa.
was crushed under the wall. The wall pressed the old woman so hard. To be under the heavy wall
         Being under the heavy wall
made her breath hard. She shouted and desperately made her breath hard.
waved her hands toward the people to escape.
"Help! Save me!" People worriedly looked at her in the house. No one among them helped her. To help her seemed difficult. Many people were Helping her seemed difficult.
already around the house to see the old woman, but no one voluntarily entered her house to save her. She needed a help from the people. They could not do anything for her. In fact, to enter the
        In fact, Entering the
house was dangerous. Another wall was about to house was dangerous.
collapse. They knew the danger well through the

experience.

From nowhere, a boy hurriedly rushed to her house despite the danger to release her. It was the hungry boy. The boy bravely climbed the old woman's house to see her. To climb the wall hurt his fingers. Climbing the wall hurt his fingers. The boy saved her from the broken wall. Surprisingly, he showed no fear to save her. The boy carefully took the old woman on his back to take her out of the house. To take her out of the Taking her out of the house was more difficult and dangerous. The boy house was more difficult and dangerous. The boy safely saved her from the great danger.

"Thank you. You really saved me from the danger. You took the risk to save me. Where were you? Where are your parents?" I need to see your I need seeing your parents. He said nothing to her. The boy just stood parents. there like a small tree.

People indifferently said to her, "He is a deaf. His family left to the city to find work. After that he lives alone quietly."

To comfort him the old woman gently took the boy's hand and neatly wrote on his palm with her finger.

"You stay with me from now. For you, to stay at For you, staying at my house is free. You will need a family to live my house is free. with. You saved my life from the death. I'll save you from now on. To take care of you will be my Taking care of you will be my pleasure."
pleasure."

Review Sentence Writing

1 To move was difficult.
2 We rent an astronomical telescope to observe the constellation.
3 My nephews liked to jump on the bed.
4 Many people waited to buy the ticket.
5 Students searched in the Internet to buy the used books.

6 To have a lot of money is our hope.
7 The passenger opened the door to have (some) fresh air.
8 To be in the hot room made us breath hard.
9 Her friends were gathered to listen to her story.
10 I came here to see you.
11 I don't have coins to make a phone call.
12 Someone visited me to ask about you.
13 The man took out the key to enter.
14 In fact, to understand it 100 % is not easy.
15 They climbed up the fence to see the actor.
16 I ran to raise the boy.
17 To contact him seemed difficult.
18 A fire fighter ran into his house to save him.
19 To pretend not to understand about it was more difficult.
20 I expect to see your class teacher.

● Story Five

Preview the Story Sentence

1 It did not make her happy to have a lot of money.
2 It made her breath hard to be under the heavy wall.
3 It seemed difficult to help her.
4 It was dangerous to enter the house.
5 It is free to stay at my house.
6 It will be my pleasure to take care of you.

An old woman lived alone near the Colorado River. It was lonely to live alone. The old woman had a lot of money in her house. It did not make her happy to have a lot of money. Sadly she had no family to live with. A hungry boy visited her in the afternoon to get bread. The boy desperately needed bread to fill his empty stomach. His face and eyes told that. The old woman said, "Hi!" to him warmly to ease the boy. She also needed a friend for herself. The boy smiled at her. They had a good time. The old woman talked to the boy to share her story and the boy smiled brightly. The boy just listened.

One night a storm hit her house without warning. She slept on the sofa by the window. She liked to sleep on the sofa. A wall suddenly fell on her. She was crushed under the wall. The wall pressed the old woman so hard. It made her breath hard to be under the heavy wall. She shouted and desperately waved her hands toward the people to escape. People looked at her over the window.

"Help! Save me!" People worriedly looked at her in the house. No one among them helped her. It seemed difficult to help her. Many people were already around the house to see the old woman, but no one voluntarily entered her house to save her. They just looked at each other. She needed a help from the people. They could not do anything for her. In fact, it was dangerous to enter the house. Another wall was about to collapse. They knew the danger well through the experience.

From nowhere, a boy hurriedly ran into her house despite the danger to release her. It was the hungry boy. The boy bravely climbed the old woman's house to see her. It was not easy to climb the wall and it hurt his fingers. The boy saw the old woman. The boy did not say a word. The boy saved her from the broken wall. Surprisingly, he showed no fear to save her. The boy carefully took the old woman on his back to take her out of the house. It was more difficult and dangerous to take her out of the house. The boy safely saved her from the great danger.

"Thank you. You really saved me from the danger. You took the risk to save me. Where were you? Where are your parents?" I need to see your parents. He said nothing to her. The boy just stood there like a small tree. He dropped his head and just looked down.

People indifferently said to her, "He is a deaf. His family left to the city to find work. After that he lives alone quietly."

To comfort him the old woman gently took the boy's hand and neatly wrote on his palm with her finger.

"You stay with me from now. For you, it is free to stay at my house. You will need a family to live with. You saved my life from the death. I'll save you from now on. It will be my pleasure to take care of you."

Review Sentence Writing

1 To live alone also has advantage.
2 It always makes me happy to be under the cool tree.
3 It is my goal to enter the school.
4 It is not my concern/consideration to stay here or leave.
5 It was my pleasure to help you.
6 To have a lot of friend makes her busy.
7 It was relatively easy to solve the problem.
8 It was my pleasure to work with her.
9 It is helpful to read many books.
10 To listened to the music soothes the mind.
11 It is difficult to apologize first.
12 Sometimes it is necessary to stay up all night and study.
13 To take a nap enhances the memory.
14 It is uncomfortable to sit next to a stranger.
15 It is important to arrive there on time.
16 It is difficult to cancel it now.
17 It is difficult for everyone to keep the secret.
18 It is everybody's hope to enter a good school.
19 However, it is more important to find a good major.
20 It is helpful to wander for a while.

● Story Six

Preview the Story Sentence

1 An old woman used to live alone near the Colorado River.
2 It must be lonely to live alone.
3 The storm might damage her house.
4 She had to wave her hands toward the people.
5 They could not do anything for her.
6 He had better live alone.
7 It will be my pleasure to take care of you.

An old woman used to live alone near the Colorado River. It must be lonely to live alone.

The old woman had a lot of money in her house. It could not make her happy to have a lot of money. Sadly she had no family to live with. A hungry boy would visit her in the afternoon to get bread. The boy must need bread to fill his empty stomach. His face and eyes could tell that. The old woman used to say, "Hi!" to him warmly to ease the boy. She must need a friend for herself. The boy would smile at her. They had a good time. The old woman talked to the boy to share her story and the boy smiled brightly. The boy just listened.

One night a storm hit her house without warning. The storm might damage her house. She slept on the sofa by the window. She liked to sleep on the sofa. A wall suddenly fell on her. She was crushed under the wall. The wall could press the old woman so hard. It could make her breath hard to be under the heavy wall. She was supposed to shout, but no voice came out. She had to wave her hands toward the people to escape. People had to look at her over the window.

"Help! Save me!" People worriedly looked at her in the house. They were supposed to help her. But, no one among them could help her. It seemed difficult to help her. Many people were already around the house to see the old woman, but no one was going to voluntarily enter her house to save her. They just looked at each other. She needed a help from the people. They could not do anything for her. In fact, it should be dangerous to enter the house. Another wall was about to collapse. They knew the danger well through the experience.

From nowhere, a boy hurriedly ran into her house despite the danger to release her. It was the hungry boy. He was small. The boy was able to climb the old woman's house to see her. It was not easy to climb the wall and it hurt his fingers. The boy saw the old woman. The boy did not say a word. The boy was going to save her from the broken wall. Surprisingly, he showed no fear to save her. The boy carefully took the old woman on his back to take her out of the house. It was more difficult and dangerous to take her out of the house. The boy could safely save her from the great danger.

"Thank you. You really saved me from the danger. You took the risk to save me. I cannot believe it. Where were you? Where are your parents?" I have to see your parents. He said nothing to her. The boy just stood there like a small tree. He dropped his head and just looked down.

People indifferently said to her, "He is a deaf. His family left to the city to find work. After that he lives alone quietly. He had better live alone."

To comfort him the old woman gently took the boy's hand and neatly wrote on his palm with her finger.

"You should stay with me from now. You will need a family to live with. You saved my life from the death. I am going to save you from now on. It will be my pleasure to take care of you."

Review Sentence Writing

1. We used to study together.
2. I could notice his feeling.
3. I had to be patient.
4. I had to/should memorize 50 words a day.
5. You had better not see the movie.
6. It must be hard/difficult to study.
7. The tourists used to/would visit the restaurant.
8. The baby may/might break the glasses.
9. I had to/should move quickly.
10. I could pay for the meal/food.
11. To have enough money can make us happy.
12. We used to eat lunch in the class.
13. They could not check the answer.
14. I must/should send the postcard.
15. It must be important to arrive on time.
16. I had better not say a word/anything.
17. I am going to meet him.
18. I used to make the same mistake.
19. Everybody can do it.
20. We may/might be late.

● Story Seven

Preview the Story Sentence

1. The old woman had a lot of money in her yellow-painted house.
2. It could not make her happy to have a lot of

saved money.
3. His tanned face and eyes could tell that.
4. A shaking wall suddenly fell on her.
5. She had to wave her injured hands.
6. Another cracked wall was about to collapse.
7. They knew the waiting danger well through the experience.

An old woman used to live alone near the Colorado River. It must be lonely to live alone. The old woman had a lot of money in her yellow-painted house. It could not make her happy to have a lot of saved money. Sadly she had no supporting family to live with. A starved boy would visit her in the afternoon to get bread. The starved boy must need bread to fill his growling stomach. His tanned face and eyes could tell that. The old woman used to say, "Hi!" to him warmly to ease the boy. She must need a close friend for herself. The boy would smile at her. They had a good talking time. The old woman talked to the boy to share her story and the boy smiled brightly. The boy just listened.

One night a blowing storm hit her house without warning. The storm might damage her house. She slept on the wooden sofa by the window. She liked to sleep on the sofa. A shaking wall suddenly fell on her. She was crushed under the falling wall. The wall could press the sleeping old woman so hard. It could make her breath hard. She was supposed to shout, but no loud voice came out. She had to wave her injured hands toward the people to escape. People had to look at her over the broken window.

"Help! Save me!" People worriedly looked at her. They were supposed to help her. But, no one among them could help her. It seemed difficult to help her. Many people were already around the house to see the trapped old woman, but no one was going to voluntarily enter her house to save her. They just looked at each other. She needed a help from the people. They could not do anything for her. In fact, it should be dangerous to enter the house. Another cracked wall was about to collapse. They knew the waiting danger well through the experience.

From nowhere, a boy hurriedly ran into her house despite the obvious danger to release her. It was the starved boy. He was small. The boy was able to climb the old woman's house. It was not easy to climb the rugged wall and it hurt his fingers. The boy saw the trembling old woman. The boy did not say a word. The boy was going to save her from the broken wall. Surprisingly, he showed no fear to save her. The boy carefully took the old woman on his back to take her out of the house. It was more difficult and dangerous to take her out of the house. The boy could safely save her from the life threatening danger.

"Thank you. You really saved me from the danger. You took the terrifying risk to save me. I cannot believe it. Where were you? Where are your parents?" I have to see your parents. He said nothing to her. The boy just stood there like a small fluttering tree. He dropped his head and just looked down.

People indifferently said to her, "He is a deaf. His family left to the city to find work. After that he lives alone quietly. He had better live alone."
To comfort him the old woman gently took the boy's shivering hand and neatly wrote on his palm with her finger.
"You should stay with me from now. You will need a helping family to live with. You saved my life from the death. I am going to save you from now on. It will be my rejoicing pleasure to take care of you."

Review Sentence Writing

1. He poured the boiling water in the bowl.
2. I saw the listed names.
3. She showed her wounded leg.
4. I was about to stop the sparkling machine.
5. Now is the running time.
6. I have a lot of/much saved money in my bank account.
7. They had an exciting time.
8. The rising sun is beautiful.
9. I saw the waiting people.
10. I avoided the barking dog.
11. We were looking for the red-painted house.
12. We need moving chairs.

13 Look at the twinkling stars!
14 They knew about the coming storm.
15 My mother bought the cleaning robot.
16 He took the writing test.
17 I like an iced coffee.
18 I should reduce the sleeping time.
19 The meeting room is at the end of the aisle.
20 It happened in a hesitating moment.